THINK DEEP

在深圳思想

THINK DEEP

21 世纪海上丝绸之路丛书

学术顾问（按姓氏笔画排序）

丁学良　王赓武　陈志武　林载爵

项目主持

魏甫华　许 蔓

项目统筹

韩海彬

深圳市宣传文化事业发展专项基金资助项目

[荷] 包乐史 著

赖钰匀 彭昉 译

看得见的城市

广州、长崎、巴达维亚以及美国人的到来

Leonard Blussé

VISIBLE CITIES

Canton, Nagasaki, and Batavia
and the Coming of the Americans

深圳出版社

版权登记号　图字：19-2024-318号

VISIBLE CITIES: Canton, Nagasaki, and Batavia and the Coming of the Americans
by Leonard Blussé
Copyright © 2008 by the President and Fellows of Harvard College
Published by arrangement with Harvard University Press
through Bardon Chinese Creative Agency Limited
Simplified Chinese translation copyright © (2025)
by Shenzhen Publishing House
ALL RIGHTS RESERVED

图书在版编目（CIP）数据

看得见的城市：广州、长崎、巴达维亚以及美国人
的到来 /（荷）包乐史著；赖钰匀，彭昉译. -- 深圳：
深圳出版社，2025. 1. --（21世纪海上丝绸之路丛书）.
ISBN 978-7-5507-4144-7

Ⅰ. K203

中国国家版本馆CIP数据核字第2024AV6124号

审图号：GS（2022）3007号

看得见的城市 ：广州、长崎、巴达维亚以及美国人的到来
KANDEJIAN DE CHENGSHI GUANGZHOU CHANGQI BADAWEIYA YIJI MEIGUOREN DE DAOLAI

出 品 人　聂雄前
责任编辑　韩海彬　靳红慧
责任校对　聂文兵
责任技编　郑 欢
装帧设计　彭振威设计事务所

出版发行　深圳出版社
地　　址　深圳市彩田南路海天综合大厦（518033）
网　　址　www.htph.com.cn
服务电话　0755-83460239（邮购、团购）
印　　刷　深圳市华信图文印务有限公司
开　　本　889mm×1194mm 1/32
印　　张　6
字　　数　150 千
版　　次　2025 年 1 月第 1 版
印　　次　2025 年 1 月第 1 次
定　　价　58.00 元

代 序

丁学良

我斗胆同意写这篇代序言，是以一个热心于丝绸之路优质出版物的长年读者的身份，而不是以这个领域里具有大量研究成果的作者的身份。假如读者诸君耐心读了这篇代序言后，阅读这类书籍的兴趣显著增加、阅读鉴赏力也有一些提升，那就令我非常的宽慰了。假如有人读了这篇代序后，能够贡献出他本人的有关研究成果，或推荐别人的优质研究成果，为本套丛书加油、输血，那就更令我开心了。

一个刺激和一个机缘

我开始对有关丝绸之路的书籍作比较系统的阅读，得益于一个刺激和一个机缘。先说说这个刺激，因为它和诸位眼前的这套海上丝绸之路丛书有直接的关联，而且说不准某些在海外学习和工作过一段时间的读者也有过类似的感触。

1995年年底，通过国际学术界的标准竞争程序，我获得了澳大利亚国立大学亚太研究院（Research School of Pacific and Asian Studies, The Australian National University，简称ANU）的

一项为期三年的研究基金，于是就辞掉在香港的大学教职，去所谓的"Down under"做全职研究员。"Down under"这个英语词汇是指从英伦三岛往世界地图的下部看，那里就是澳大利亚和新西兰，它们都是位于地球底下的那一面。这种方位感很有趣，和我下面细说的受到的刺激分不开。

我所在的ANU亚太研究院是澳大利亚联邦政府的学术研究和政策分析及咨询的重点机构，因为近代史上由欧洲移民组建的澳大利亚在国家层面上，不论哪个党执政，都是把自己当作欧洲的一部分，虽然该国地理上是处在和亚洲更接近的大洋洲。这种源于历史联系却有悖于地缘政治经济关系的自我定位，越是到20世纪的后期，越是不符合澳大利亚的国民利益基本面。随着来自亚洲的移民和投资逐年增加，随着亚洲几个后发展国家的综合国力持续提升，随着跨国界的互动日益密集，澳大利亚政界终于不得不与时俱进，把国家的定位慢慢地由"以欧洲为指标"转向"以亚太为指标"。我所在的ANU亚太研究院，是澳大利亚联邦政府倾力支撑的首要国际关系机构，服务于重新定位的国民利益。因为它的研究人员大多数不是来自本国而是全球招聘的，本国退休的高级官员（主要是外交、外贸和军事安全系统的）也常兼任学术或管理的高级职务，所以我们的研究资讯及时准确又丰富多彩。

得益于此，我就有机会在好几年的时间里（从1995年年底到1998年年底的全职，其后我还延续了四年通讯研究员的协作关系），与来自世界各地的研究亚太区域的资深学者做常规的座谈交流，与来自亚太区域的研究生有教学相长的互动。在这过程中，我学到的知识多多，受到的启迪更多，它们也就是我所说的"刺激"之总和。在从来没有长期离开过中国大陆的人们的生活经验中，那些被视为天经地义和不言而喻的诸多事件和问题，如果你有机会与那些来自"Down under"及周边区域的人的家族记忆和生活经验面对面碰撞，会立马呈现出非常不一致的感受和图像。比如，关于郑和下西洋的由来和过程，欧洲人和亚洲人早期的交往，印度在西方东渐和东方西渐大循环中的作用，丝绸之路的名和实，阿拉伯人的海上贸易和传教，形形色色的海盗和海上强权，种族或民族的相处和相斗，日本经营东南亚的跨世纪曲线，等等，"Down under"那儿的学者和研究生们（这些研究生的家族多半是在"靠海吃海"的社区里工作的）都能够给你提供许许多多的独特见解和故事。①

　　当然，对于我这样出生成长在中国大陆背景的听众，他们提供的有些见解和故事并不那么容易使人接受，事后我还要时不时地去查阅出版资料。于是，我对广义的丝绸之路相关的书籍的求知欲望，就这么被刺激出来，延续至今。其中有一例是关于长程移民和语言保真。ANU亚太研究院的研究生很多是来自东南亚和南太平洋岛国的，其中不乏华人。通常像我这样说普通话的中国大陆人，潜意识里把会不会说普通话等同于 the degree of Chineseness（"正宗汉人"的表现程度），对他们的汉话口语都不敢恭维。他们的口语最多是属于闽南语和潮汕话系列，还有少数是属于客家话。我对客家群体的来历不太陌生，知道那是源于中原的古老部落。好几次，源于闽南和潮汕系列的华人留学生很客气地告诉我：你的普通话不是正宗的汉

────────

① 我在中国内地几所大学的报告会里，都提到过曾任ANU亚太研究院院长的王赓武教授的一个演讲给我的深刻印象，参阅丁学良：《中国的软实力和周边国家》，北京：东方出版社，2014年，第26—29页。

话，我们的闽南语和潮汕话才是更正宗地道的汉话。因为大清王朝在统治中原的漫长时间里，为了让来自东北亚最远处的满族人尽快学会说汉话，有意推广最不复杂的汉语，乃至着力编辑口语汉话教材，尽量采用简易的发音和通俗的表达方式。这些才是20世纪初以降蔚然成风的国语——普通话（也即是北方简化版的汉语）的源头。相比起来，闽南话和潮汕话的发音和措辞，保留了更多的大清王朝之前的古汉语元素。我开始对此半信半疑，后来请教了专门的语言学教授，又读了相关的移民历史资料，才明白从语音考古尺度来看，粤语、潮汕话、闽南话是古汉语的更加"纯血统的"后代，是来自古代中原移民潮带到南中国和南洋的华夏"国粹"。①

　　多年以后——其中很大程度上是靠了阅读与丝绸之路相关的书刊和观看优质记录片而获得的启迪——我的反思是：我在"Down under"那里从资深学者和研究生处吸取的各类资讯，绝大部分是以海洋—海岛—海岸沿线为基础的知识，简称为"海基知识"。而在这之前，我的成长背景使我获取的，绝大部分是以内陆或大陆为基础的知识，简称为"陆基知识"。这两种知识系统虽然也有交叉和重叠的部分，但更多的部分是反差显著：二者立足点不同，谋生方式和经验不同，观察角度不同，综合视野不同，评价标准不同，最后归结为"世界观—地球观—人类观"不同。举一个浅显的例子，在"陆基知识"系统里，土地自然是一切财富的根本，由此而视"漂洋过海"为人生际遇的下行，不得已而为之。可是对于那些已经在"海

---

　　① 参阅日本学者竹越孝："清代满汉合璧会话教材在汉语史研究上的价值"，《文献语言学》第四辑，第95—111页，北京：中华书局，2017年5月。我所请教过的语言学教授，包括曾任台湾"中央研究院"第一所——历史语言研究所所长的丁邦新先生，他是接替赵元任先生讲座教席的汉语音韵学大家。

基"大环境里立足成长的人来说，海洋才是无穷机会的源头，各种海产自然包括在内，更大的机缘则是海上贸易，尤其是长途贸易。①

如果我们往更深一层去比较两种知识系统，在"陆基"大环境里，历史上的绝大多数重要事件，都是发生和了结在以"王朝""王国""帝国"或近代形成的"民族国家"这类政治框架里，因为陆地上的划界相对来说更明确和固定一些。可是假如我们把立足点转至"海基"大环境，一直以来的划界就不那么明确了，绝大多数的重要事件就很难放在以上提及的那些政治框架里予以描述。描述者必须把他们的坐标图聚焦在海岛、港口、海上航道、沿海商贸带、沿海武装据点或近代以来的海军基地之上。如果描述者把他们的对象即事件及其过程硬性地置于上述的"陆基"政治框架里，他们的故事就会被削足适履、失却真相。海洋给敢于冒险的人们提供了活动的更大空间和更高的自由度，若是立志把他们的故事——本套丛书就是围绕着这类故事展开的——讲得更合乎实际，讲者就得具备更加超脱的心智平台。这是我在"Down under"那里所受到的刺激之简要总结。

此处有必要说一下和"陆基"与"海基"两大视野有关联的、发生于十九世纪晚期的一场政策大辩论。那时的大清王朝在西北边面临着崛起的俄罗斯帝国的威胁和陆地侵犯，在东北边面临着崛起的日本帝国的威胁和海域侵犯。究竟要把有限

---

① 大史学家Fernand Braudel在他的最有名的著作里，强调的就是这一点，详阅布罗代尔：《菲利普二世时代的地中海和地中海世界》，北京：商务印书馆，1996年译，第一卷。中国历史上的"陆基"观念的研究资料，参阅专题介绍："海贼，商人与船工：明末福建海洋社群研究回顾"，香港：《近代史研究通讯》，Vol. 1，2016年11月，第22—27页，Baptist University, MHRC.

的资源集中在哪一边对抗强敌？以左宗棠为首的一派力主"塞防"更要紧，以李鸿章为首的一派力主"海防"更要紧。结果我们都知道，大清朝廷采纳了"塞防"一派的建议。① 我读这段历史的时候常常不由自主地设想，假若类似的政策争论发生在英国或日本，那会怎样？十有八九是"海防"派占上风，因为这两个国家都是海岛型的，其帝国主义势力和相关的经济利益都是基于海权。

我开始对有关丝绸之路的书籍作比较系统的阅读，还得益于一个机缘，那是我即将从澳大利亚返回香港工作的前夕遇上的。我1984年出国之前便深交的一位朋友，后来任北京"中国改革开放论坛"研究员的赵曙青先生，早期在西北地区工作，他极为负责地给我介绍了该地区几个省和自治区的研究部门，支持我做中国和周边国家当代经济文化交往的政策研究项目。原先我并没有把丝绸之路的漫长历史作为本项目的构成要素，可是在沿途考察中国西北地区和中亚、西亚的关系过程中，我经常要了解当代的这种关系有哪些历史渊源。② 这就自然而然地和丝绸之路挂上了钩，而且越挂越紧密。于是我就趁在历史上丝绸之路的必经之地依靠车载步行做调研的夜间——白天太紧张没空闲，夜里不能乱跑，否则会误入沙漠或遭遇沙尘暴而失踪——找来相关书籍资料细细阅读。加上自费购买书刊，其中有些是稀有出版物，就走上了系统学习陆上丝绸之路的迷

---

① Immanuel C.Y. Hsü, "The Great Policy Debate in China, 1874: Maritime Defense vs. Frontier Defense", Harvard Journal of Asiatic Studies, Vol 25 (1964—1965): 212—228.

② 较近期的历史如佐口透：《十八—十九世纪新疆社会史研究》，乌鲁木齐：新疆人民出版社，1983年译；更遥远的历史如谢弗（Edward H. Schafer）：《唐代的外来文明》，北京：中国社会科学出版社，1995年译。

人道路。① 从20世纪末开始，有大约十年的时间，我在夏秋两季抽空横穿那片广漠的大地做调研，心得体会堪称多层次多维度，补上了我原先的知识系统的一大缺口。

所以，得益于一个刺激和一个机缘，从20世纪90年代中期开始，我快乐地陷入有关丝绸之路的书海而不能自拔，先是读有关海上之路的，随即读陆上之路的。遗憾的是，我只能阅读中文和英文的书刊，研究丝绸之路成果丰硕的法文、德文、日文、意大利文、葡萄牙文、西班牙文、荷兰文等巨量书刊，我唯有望洋兴叹，除非已经出版了高品质的汉语翻译作品，如何高济先生和耿昇先生的出色译本。他们不仅仅是翻译文字，而且是纳入研究考证的范畴，把人名、地名、物名、船名、术语等等，都尽力做交叉验证。这样的翻译大家，现在是越来越少见了。

读后感和读前感

基于过去二十余年的阅读，我的总体感受是：第一，丝绸之路无论是陆上的还是海上的，都是一个涉及多民族或种族、多部落、多王朝、多文化或文明、多国家的复杂历史进程，时起时伏。在不同的历史时期、不同的路段和航段，各个民族或种族、各个部落、各个王朝、各个文化或文明、各个国家，各有绝招，各领风骚；绝没有只是其中的一个在始终发挥领先的

---

① 所有当今国际媒体关注的要害地带，大部分都是古代丝绸之路的必经之道，参阅《东西文明的交流通道——叙利亚遗迹巡礼》，台北：《牛顿杂志》，第16卷第10期，第190号第96-107页。

或主导的作用。① 因此，讲丝绸之路的大故事，必须要讲"多家"的故事，哪怕一本书只能讲"一家"，也不应该在总的视野和框架里排斥"他家"，对于丛书项目来说尤其应该如此。

第二，在每一"家"里，推动或参与丝绸之路进程的具体行动者也是形形色色，大体上可以分成几大从业类别——商人、传教士、武士、学者；也许还可以再加上官员和盗匪。这些分类并不是绝对分明的，具体到行动者个人或一个组织，往往是糅合了两种或更多的从业动机和目的。

第三，由于以上的复杂大背景，讲好丝绸之路的故事，就需要广开正门和边门，不仅仅是要搜集官方的正史资料，也要搜集民间的乃至地下的资料（当一个王朝或政权实施海禁的期间，海上丝绸之路的活动就极难记载于官方正史）。解读具体的时段、路段、航段、事件、人物、机构，更是要具备多元视角。越是依据来自不同民族、不同地域、不同文化、不同教派、不同国家的资料，发生于丝绸之路上的故事就越是接近于真相。比如，在公元一世纪晚期，古罗马世界出版了一本了不起的无名氏著作：《埃里特拉安海（红海）航海录》（*Periplus of the Erythraean Sea*）。它是为航海者和商人作航海指南的，内容覆盖了广大范围，包括红海、非洲东岸远至桑给巴尔、印度洋北边远至马拉巴尔（Malabar，即宋朝元朝时的中文文献称为"马八儿国"的地区）海岸南端。② 这个范围正好与郑和下西洋所到达的西部疆域重叠，这其中有多少迷人的典故可供挖

---

① 参阅主要聚焦于海上丝绸之路"史前史"（pre-history）的文献之精练概述，钱江：《古代波斯湾的航海活动与贸易港埠》，泉州：《海交史研究》，2010年第二期，第1—24页。

② 詹姆斯和马丁：《地理学思想史（增订本）》，北京：商务印书馆，1989年译，第50—51页。

掘！因此，如果一本书依赖的资料更多元，其潜在的价值或贡献就更大——这里的"多元"包括语言文字，只依据一种文字资料的，就不如依据多种文字的；也包括资料的性质，只依据书面资料的，就不如再加上考古资料、口述资料、实地考察资料的。我拿到一本书，首先是翻阅它的注释和参考文献；越是多元资料的，越是对我有吸引力，越是单一资料的，越是激不起我的阅读兴致。

第四，"丝绸之路"的名称越是朝古代回溯，越是准确；越往后来，这个名称越是一个广泛的符号，因为通商贸易的内容越来越多样化。古代世界的稀缺货物丝绸，"奇货可居"能赚到超额利润。等到后来这种产品的"知识产权"被其他民族和王国盗窃转化之后，华夏中土不再是丝绸的独家产地。而且一旦横跨亚洲、欧洲、非洲、大洋洲的通商途径开辟成形，其他的"奇货可居"也趁机钻空子增添发财的机会，如茶叶、瓷器、各种香料包括草药、动物尤其是马匹、珍贵金属、玉石、珍贵木材，等等。① 被我们大部分中原背景的人称为"丝绸之路"的通商途径，在别处有更加被当地人惯用和熟知的名称，距离近的有"茶马古道"，稍远的有"茶叶之路""香料之道"（The Route of Spices：英文用route而不是road，便于区别陆地上的路径和海洋上的航道）、"陶瓷（瓷器）之路"等。更进一步远眺，鉴于丝绸之路往西方的延伸，连接上的就是古代环地中海世界的国际贸易大通道，那里的航海民族腓尼基人早在三千多年前，已经忙于大宗商品如雪松圆木和青铜等的长

---

① 在中国周边的海域对历代沉没商船的多国考古发现，验证了这一点。参阅有关材料的罗列，吴春明：《环中国海沉船》，南昌：江西高校出版社，2003年。即使考虑到丝绸不易在海水里保留长久，也不能改变越晚近时期、大宗商品越是属于非丝绸类的状况。

途贩卖，还有葡萄酒。所以，"丝绸之路"的符号之下花色品种多着呢！

　　以上几点读后感，是我和本套丛书编辑小组座谈时提出来供他们参考的，他们在客观条件允许的情况下，会尽量参照我的建议和其他方面的考量来选书出书。我希望这套丛书能够延续下去，因为只有累积起来，才会发挥更大和更深的效果。这套丛书的读者若是感到丛书内容既有趣也可靠，还有帮助从事实际工作的参考价值，那就"善哉！善哉！"了。① 若是这套丛书被内地大学生们选为相关课程的参考读物，那就更是一件大好事！因为我还没有读过本套丛书的所有卷帙，所以最后说的这几句话只能算是"读前感"，是预感，它们等待着被——验证。

2017年8月26日起笔，2018年1月18日成稿

---

　　① 这本在全世界流行甚广的书，则是极有趣而极不可靠的例证：Gavin Menzies, *1421: The Year China Discovered The World*. London: Bantam Books, 2002-2003；中译本似乎有不止一个版本，其中之一是孟席斯：《1421年：中国发现世界》。这本集体操作的畅销书里所有最关键的论证部分，都是以遥远的、间接的、模模糊糊的、缺乏实物的推论为主干。国际历史学界对该书的详细批评背景参阅 Quentin McDermott:"Junk History. Four Corners explores an extravagant claim by one auther", http://www.abc.net.au/4corners/junk-history/8953466.

中文版序

1980年的一个清晨，那时，厦门重新对外国游客开放不久。我在厦门海滨漫步，看到一幅难忘的美丽景色——在早晨的微风中，渔船队伍正往海上出发，那些舢板的白色风帆点缀在蔚蓝的海面上，犹如花瓣上初落的细雨，闪闪发光。我特别珍惜这难忘的美景，因为在不久之后，这些传统的航海工具将被现代的机械化船只取代。这富有历史情调的、浪漫的景色装点着厦门海湾已经数百年，但仍不免在现代化的洪流中消逝。

那年我是应两位著名史学家的邀请来到厦门大学，他们是田汝康教授以及韩振华教授。在此前一年我在剑桥大学认识了田教授。这两位学者以研究海洋史闻名于世，并且是当时中国史学界少数研究该领域的先驱。田教授早在25年前就在《历史研究》上发表了两篇关于清代中国海外运输的文章，作为他的研究团队中最有热诚的高足，韩振华教授则成为我的学友，他致力研究东南亚的中国海外事业，特别是中国海上的岛屿。

相较于常识中认为中国对于海外贸易的兴趣缺缺，这两位历史学家的研究证明18世纪与19世纪早期，中国东南各省私人航海事实上乘载了大量的乘客与货物前往南洋的各个港口，就像知名的荷兰东印度公司或是英国东印度公司所行的那样。根据他们对于鸦片战争前清代海外贸易的研究，一个大规模扩张的中国海上冒险事业依靠着许多现今仍活跃于东南亚的海外华人社群展开。

何以在这两位学者之前没有学者注意到清代中国海外贸易与冒险事业蓬勃发展的重要性？首先应指出这是因为以农立国的中华帝国惯于关注内部问题，对于海外贸易的史料记载不多。明朝初年，永乐大帝短暂地以一国之力支撑郑和舰队以后，中国历史上就不曾出现像欧洲国家那样对海外探险事业的支持。朝廷乐于开放广州与外人贸易，并从这"天子南库"中获取利润，但是海禁却限制福建与广东居民出海贸易。然而，由宁波、福州与广州控制外国访客的贸易或贡物并不困难，控制中国的民间航海却并不容易，即使他们曾一度消失在海上，但不久便故态复萌。如果研究者意图寻找这些中国探险者在南洋一带经营海外贸易的中文史料，会发现数量并不多，但幸运的是，这些信息却在外文史料中被详细记录。因此要想深入研究中国海外贸易就必须对中外史料进行详细的对比与整理，这也正是数年以来我与厦门大学的同行们所致力的工作。

中国海外贸易强盛的力量可以郑芝龙、郑成功父子作为例子。当中国北方大地正臣服于满洲铁骑之下时，郑氏父子在安海、厦门和台湾建立的海上帝国达50年之久。直到施琅克复台湾后，清政府才稍微放松海禁，并且重新允许沿海居民进行海外贸易。

海外的福建与广东移民在那些年里成为有实力的华人创业者,他们在海外从事渔业、贸易、垦荒与矿业等事业,展现出惊人的经济实力。但是相对于英国、荷兰与葡萄牙以政府之力支持的贸易者,中国的海外移民就没有建立海外殖民地的野心,他们也缺乏有力的支持。在国外的海港,中国贸易者受到热忱的欢迎,因为他们带来美丽的丝绸、瓷器与铁器。当地的居民用热带产品交换这些中国精良的物品。我曾做过研究,在许多海外港口的发展过程中,固定或经常到来的中国船只通常意味着该港口经济的成长与繁荣。

30年前初访厦门之后,我经常回到厦门大学与我的中国同行们进行紧密的合作,共同研究中国与东南亚的历史关系。我非常荣幸将这本中文版的研究题献给他们,因为其中的大部分是我们过去几年长期对话的成果。我也特别感谢出版社的编辑对于这部中文译本所做的努力以及周到的设想。

包乐史
2010年7月20日于莱顿大学

目　录

第一章

三扇机会之窗

在题献给伊拉斯谟（Desiderius Erasmus of Rotterdam）的《乌托邦》（*Utopia*）的序言中，作者托马斯·莫尔（Thomas More）提到自己是在何时何地有了写作这本哲学性冒险故事的灵感——1516年，莫尔作为外交使节被派往比利时佛兰德斯省（Flanders）"去解决英格兰羊毛贸易中一些具有重大后果的争议"，他造访了安特卫普市（Antwerp）。在这个佛兰德斯人的港口城市里，他辗转认识了某位名叫拉斐尔·希斯洛德（Raphael Hythloday）的水手。此人"似乎已经过了他的盛年，他的脸是古铜色的，蓄着长髯，斗篷随意地披在身上。于是从他的仪态和举止，我认定他是一名水手"。然而，结果证实，这个饱经风霜的拉斐尔是一位来自葡萄牙的哲学家，他曾经与意大利探险家阿美利哥·维斯普西（Amerigo Vespucci）结伴探访那个虚构的新大陆。几天后，莫尔邀请了这位环球旅行家到他所寄居的友人家中，在一阵寒暄之后，这三个人在花园中的长椅上坐下来，开始讨论欧洲与美洲各个国家不同的风俗与法律。在那个下午将结束之际，莫尔和他的朋友被这个访客的睿智和包罗万象的知识深深吸引住了，于是他们请他在晚餐后跟他们谈谈那个位于新大陆外海、名为乌托邦的岛——"人们共同福祉的最高境界"。①

莫尔将这场想象的、与乌托邦叙事者的相遇设定在安特卫普并不是偶然的。在16世纪，来自四面八方的陌生人来到这个以商业中心闻名的交易所兜售他们的货物。在佛兰德斯，"贸易"是这个城市的新婚妻子，人人都围在她身边跳舞。在欧洲的各个港口城市，重视并促进商业的政策在特定的传统与制度间找到了自己的声音，而这些传统与制度被所有交易者接受。位于水陆交通路线上的商业城镇确实是生活最国际化的地方，来自远方的旅人们在那里会合并交换他们的货物与蜚短流长。坐落在河湾处的港口城市如同通往富矿的矿脉般联系着内陆，它们是所有对海外世界好奇之人的宝藏。

在卡尔维诺（Italo Calvino）的小说《看不见的城市》（*Invisible Cities*）里，叙事者马可·波罗蹲坐在伟大的忽必烈脚边的一块毯子上，在元大都庄严富丽的花园里，对招待他的主人讲述他的疆域内一连串关于形形色色城市生活的故事。然而，如同读者渐渐意会到的，这一系列的故事是同一主题的阴郁变体：百万趣闻先生（Messer Millioni）对自己遥远家乡威尼斯的渴望。② 忽必烈知道他永远无法亲自造访那些位于帝国边陲的城市，但他被这个威尼斯商人的故事诱惑了。每天晚

① *Ideal commonwealths: Comprising, More's Utopia, Bacon's New Atlantis, Campanella's City of the Sun, and Harriton's Oceana*, P.F. Collier & Son; New York: The Colonial Press, 1914. Sir Thomas More,*Utopia*, 2nd ed., trans. Robert Adams. New York: W.W.Norton, 1992.See also *http://oregonstate.edu/instruct/phl302 /texts/ more/utopia-contents. html*.

② Italo Calvino, *Invisible Cities*, trans. William Weaver, New York: Harcourt Brace Jovanovich, 1974.

上，他都要求听另一个城镇的故事，好让那个城镇出现在他的梦境中。

在其后，数十位艺术家可能让威尼斯成为欧洲最常被描绘的城市。就算那些北欧国王的朝廷里未必有威尼斯的讲故事旅人，他们也至少必定持有卡那雷托（Canaletto）的画作，将它们挂在皇宫的墙上并以如梦似幻的眼光凝视着。如今富有进取精神的游客，口袋里放着一本 Lonely Planet 旅行指南，就可以在24小时内抵达世界上任何一个遥远的异邦。或者，如果他是一个懒散的、坐在扶手椅上的旅行家，他可以借由在电视上收看探索频道（Discovery Channel）来享受这一切。在世界各地旅游的历险故事，在今天已经变成一项快餐消费品。

在本书中，我将邀请你一起回到过去，拜访亚洲最著名的三个港口城市：巴达维亚、广州以及长崎。在过去，这趟旅行至少要用掉欧洲旅行者六到八个月的时间。在那些旷日持久的航程里，这三个缤纷的大商场，以其超凡的风貌和极具异国风情的魅力，点燃了水手与作家的想象力。它们各自都留下了为数惊人的文献和图像遗产，这使我不用靠着太多想象就能够当你们的导游。① 相对于卡尔维诺那座"看不见的城市"，我将

① 在此我仅列出一些参考资料。关于广州请参见：Paul Van Dyke, *The Canton Trade: Life and Enterprise on the China Coast 1700—1845* Hong Kong: Hong Kong University Press, 2005; Louis Demigny, *La Chine et l'occident: Le commerce à Canton au 18e siècle, 1719—1833*, Paris: SEVPEN, 1964, 3vols.关于巴达维亚请参见：Leonard Blussé, *Strange Company: Chinese settlers, Mestizo Women, and the Dutch in VOC Batavia*, Dordrecht, Holland: Foris Publications, 1986; F.de Haan, *Oud Batavia*, Bandung: A oC. Nix, 1935, 2 vols.; H. E Niemeijer, *Batavia: Een koloniale samenleving in de zeventiende eeuw*, Amsterdam:Balans publishers,2005. 关于长崎请参见：Nagasaki City Government(ed.), *Nagasaki shishi*, Nagasaki: Nagasaki

巴达维亚、广州以及长崎称为"看得见的城市"，因为没有任何其他18世纪的亚洲城市，比它们更频繁地以图像与文字被描绘。在这三个城市里，东方与西方以极端不同却又相似的方式相遇了。

但在我们开始这趟真实而又虚幻的壮游之前，让我阐述一下为什么举出这三个近代早期市场作为赖肖尔讲座的主题。最明显而主要的原因，是因为我所发表演讲的学术机构——哈佛大学，是费正清与赖肖尔的母校。这两位巨人指引我们这一辈的学者一条通往中国与日本历史的途径。这两个传统的帝国，在西方的挑战下，以他们自己的方式，发展出他们今日独特的世界强权。赖肖尔和费正清的《东亚文明：传统与变革》形塑了我大学时代的整个研究工作，在莱顿，每一位未来的汉学家都必须了解日本。① 除了超凡的组织天分外，费正清最为人印象深刻的，便是在《中国沿海的贸易与外交：通商口岸的开埠（1842—1854年）》这本书中，他对通商口岸系统的开创性研究。

人们经常遗忘日本学专家赖肖尔也教导并写作关于古代中国及其海上疆域的课题。圆仁法师的《入唐求法巡礼行记》，由赖肖尔翻译，是我最喜欢的一本书。在这本书中，这两个领域有了交集。这本书描述了一个日本僧侣为了向唐朝求取佛

Shiyakusho, 1923—1935, 8 vols.; Yamawa ki Teijirō, *Nagasaki: no Oranda shōkan: Sekai no naka no Sakoku Nihon*, Tokyo:Chūō Kōronsha, 1980; Yamawaki Teijirō, Nagasaki no Tòjin bōeki,Tokyo: Yoshikawa Kōbunkan. 1964.

① Edwin O. Reischauer and John King Fairbank, *East Asia: The Great Tradition*, Boston: Houghton Mifflin, 1960; John King Fairbank, Edwin O. Reischauer, and *Albert M. Craig,East Asia: The Modern Transformation*, Boston: Houghton Mifflin.1965.

经，所饱经磨难的海上历险。① 可以说，这两位学者都有着共同的关怀。因此，既然我应费正清中心的邀请来主讲赖肖尔讲座，那么选择关于海洋的课题作为讲座内容，可以说是最恰当的。

海域范围

近年来，哈佛的学者在某种程度上忽视了关于季风亚洲的海洋史研究。而近代日本、中国与东南亚国家这三者之间的关系，也似乎没有引起费正清中心与赖肖尔中心研究者们的兴趣。我希望借由聚焦这三个港口城市，进一步指出了解中日两国各自与海洋领域的传统关系，对于理解近代早期（或是当代）的中日全球交涉史至为关键。如果中国与日本要在战略与经济影响力上一争长短，便是在中国海的区域里，在此海域中，这两个强权都在竞逐区域里的领先地位。

中国南海成为印度洋海上丝绸之路的起点已经有一千年之久。但直到18世纪，它的港口城市直接连接欧洲、非洲、美洲的港口城市，它才成为全球海运贸易的十字路口。正如大城、马尼拉、釜山服务于暹罗、西班牙属吕宋岛以及韩国的经济那样，巴达维亚、广州与长崎扮演着爪哇、中国与日本大多数地区的门户角色。这三个港口对历史学家有着特别的吸引力，它们不仅是中国海外贸易网络的终点，同时，这个区域，也是最

---

① John King Fairbank, *Trade and Diplomacy on the China Coast: The Opening of the Treaty Ports 1842—1854*, Stanford, CA: Stanford University Press, 1969; *Edwin Reischauer, Ennin's Travels in T'ang China*, New York: Ronald Press Company, 1955.

大的西方贸易势力——荷兰东印度公司，或称为荷兰联合东印度公司——的贸易网络节点。① 在这三个市场里，荷兰联合东印度公司海外职员所写的日记与报告描绘了当地的情形，这些关于港口生活的材料，在细节上与数量上是现存的其他史料所远远不能相比的。② 因此我们得到了大量的、还未被详细研究的档案资料。③

位于珠江边的广州，扮演中华帝国的海上门户角色已达两千年之久。在17、18世纪，广州如同其后为西方所熟知的一样，与其附属城市澳门一同成为外国商人在大清帝国的停泊港口。

---

① 1602年3月20日,荷兰共和国国会赋予联合东印度公司,或称为荷兰东印度公司(VOC)在东印度进行垄断贸易的特许状。该公司在1798年解散,其所有的资产与债务由巴达维亚共和国接管。

② 大多数17世纪的巴达维亚城日志或日记已经印行。在过去的30年里,东京大学史料编纂所正以慢工出细活的态度出版了原版荷兰图像以及日语翻译的版本。参见: Historiographical Institute (ed.), *Oranda Shokancho Nikki: Diaries Kept by the Heads of the Dutch Factory in Japan, 1633—1647* ［Original Dutch Texts］, vols. 1—10(1974—2003); Japanese translation, vols. 1—10(1976—2004).另一些 "所谓次要的" 18世纪日记已有英译本,参见: Paul van der Velde and Rudolf Bachofner (eds.), *The Deshima Diaries Marginalia 1700—1740, Tokyo:* Japan-Netherlands Institute, 1992; Leonard Bluss et al. (eds.), *The Deshima Diaries Marginalia 1740—1800,* Tokyo: Japan-Netherlands Institute, 2004.另有一部分17世纪的日记有英译本,并加上注解。参见: Cynthia viallé and Leonard Blussé, *The Deshima Dagregisters 1640—1660,* Intercontinenta Series No.23 and 25, Leiden: IGEER, 2001, 2005, 2 vols. 此外,最近澳门文化局正开始着手进行英译一批18世纪荷兰广州代理处日记的原稿。

③ 在此当然不可能包举罗列所有的资料。我只盼望这些书卷,能提高那些季风亚洲地区从未使用过这批VOC档案或出版物的史学家们的兴趣。VOC档案的详目现存于荷兰海牙的国家档案馆。参见:M.A.P. Meilink-Roelofsz, R. Raben, and H. Spijkerman(eds.), *De archieven van de Verenigde Oostindische Compagnie / The Archives of the Dutch East India Company (1602— 1795), History and Manual,* The Hague: Sdu Uitgeverij Koninginnegracht, 1992.

长崎，这个被日本德川幕府指定的对外贸易港口，以其严格的国境法及对于保持自身认同的焦虑而闻名。长崎是中国及荷兰商人的东道主。而与其他外国人不同的是，唯有中、荷两国获准在长崎湾的两个人工小岛上进行交易。

巴达维亚，身为荷兰东印度公司这个贸易帝国的船队会合点，其城市生命的存续有赖贸易的恩泽。就像一只蜘蛛坐在自己的蛛网上一样，巴达维亚很理想地坐落于苏丹运河——正是在爪哇岛和苏门答腊岛之间，连接中国海的干道上。广州和长崎像两个多少有点自我中心、拥有丰富资源但被压抑着商业传统的农业帝国的卖场，而巴达维亚则被建立为一个远洋贸易帝国的大商场，这个帝国在季风亚洲的区域经济里获取养分，在长达两个世纪的时间里将来自亚洲的消费品提供给欧洲。

在数以千年计的季风带贸易史上，这三个港口是相对晚近的组合：广州与连带兴起的澳门先后兴起于1567年，而长崎和巴达维亚则在1571年及1619年各自被建设成国际商港。但是首先我们必须讨论古老的中国世界经济体系，这三个城市的兴衰才能被正确地理解——它们若不是这个体系的一部分，就是与之紧密相系的。中国东南沿海省份的经济状况，尤其是福建商人对生意的敏锐反应，直接或间接地使其成为中国海外贸易的驱动力量。福建商人形成了长崎和巴达维亚华人社群中的多数，甚至那些被指定为与外国人交易的"行商"，其网络也多半来自福建。

最后，在 18 世纪 80 年代和 90 年代，正是在这三个港口城市里，中国人、日本人以及荷兰人在亚洲迎来了第一批美洲的访客。跨越 18、19 世纪的 30 年在许多方面形成了一个东亚区域史的转折点——就像它们在世界史上一样——因而我决定把研究结束在这个地方。

时间框架

孔飞力（Philip A. Kuhn）的《现代中国国家的起源》一书将18世纪90年代视为中国的危机时期。[①] 一系列的群众运动沿着中华帝国的边疆爆发，出现在西方的边境以及南方的海岸线。黄河和长江决堤，淹没了帝国中心区域的大片土地。此外，显而易见，中国人口的迅速扩张也造成了影响。18世纪后半期中国的人口增加了不止一倍，从1.4亿人增加到3亿，造成了下列彼此相关联的现象：区域性的饥馑、内部移民，以及砍伐森林造成的生态失衡。最后，这个时期标志了从老态龙钟的乾隆皇帝（及他腐败的宰相和珅）往嘉庆皇帝的过渡。嘉庆皇帝虽然有个意味着繁荣年代的吉利年号，但他一登基，面对的就是吃力不讨好的任务：清理乾隆与和珅留下的残局，以及一个事后看来近乎不可能的任务：为他一团混乱的帝国重建秩序。

在日本我们看到了类似的光景：自然灾害如浅间火山（Mount Asama）在1783年的喷发造成了前所未有的暴风雨、洪水及农作物的歉收。所谓的"天明饥荒"从1782年一直延续到1787年。农民起义在全国境内发生，平均每年超过50次。当德川家治将军在1786年离世时，一个新的、严格的节约政策和道德重整计划出现了，并且造成了海外贸易的进一步限制。

在印度尼西亚群岛，目睹自己的霸权地位为季风亚洲贸易性质变化所冲击的荷兰东印度公司，则承受着第四次英荷战争（Fourth Anglo-Dutch War，1780—1784）造成的财物损

---

① Philip A. Kuhn, *Origins of the Modern Chinese State*, Stanford: Stanford University Press, 2002.

失——在战事中，该公司的船只经常在英吉利海峡被敌国扣押。当拿破仑战争在18世纪90年代末打破了荷兰与亚洲的运输纽带，荷兰东印度公司只得宣告破产，而其停泊在巴达维亚的东印度公司货轮则被插着中立旗帜的船舰取代，在这些中立旗帜之中，美国的星条旗占了支配性的多数。

如果我们采取全球的视角，那么由工业革命和法国大革命带来的危机时期，正是这段历史的转折点。在经济事务上，亚当·斯密（Adam Smith）展现了一个新的、自由企业的思想范式，并且预示了重商主义及垄断商业力量的结束，荷兰东印度公司就是其中之一。一个新的信息时代正在成形，在这个时代里，人们意识到在其他大陆上有其他伟大文明存在，对这些文明的知识就算不是茶余饭后的话题，也成了门外一个有趣的观察对象。

当法国大革命的影响侵入各个邻国时——包括1795年的荷兰共和国在内——政治变革的风暴将欧洲的旧体制横扫一空。在18世纪80年代初期，不列颠在西半球失去了一个帝国，于是着手在季风亚洲打造另一个。而当这些事情方兴未艾之际，领航员和水手们从不断扩张的俄罗斯帝国及新生的美利坚合众国出发，开始了漫长的跋涉与航行，来到了亚洲的东缘。

当然，这些革命性的变化，基于不同的地点及环境，以不同的速度对世界造成冲击。在1800年前后，我们见证了中国海上航海贸易的显著变化：包括在长达两百年之后，荷兰对印度尼西亚群岛周围海域的控制开始失势，颇具规模的海盗现身于此，为数惊人的闯入者在这里寻找新的贸易通道。

早在18世纪80年代，欧洲大都会对于海外领地的新政策逐渐成形。身为东方海上贸易的支配者，获得特许的英属与荷属两个东印度公司，在政治上相对独立的地位也是被位于伦敦及海牙的母国政府监视着。在季风亚洲内部，东印度公司在贸易上的垄断地位为当地的代理商及运输公司所挑战。英格兰的新兴工业企业家阶级成员，甚至在1793年说服了政府派遣皇家使节马戛尔尼（Macartney）带着成箱的不列颠商品造访乾隆皇帝，希望能把这些商品卖到这块拥有3亿消费者的土地上。

简单讲，18世纪到19世纪的转折点，是一个全球变迁的时代，对此，中国、日本与爪哇的政权不能不做出回应。相较于针对帝国中心所做的研究，研究广州与长崎所制定或修订的机制，或许更能洞察中国及日本帝国的想法，乃至西方的想法与野心。透过广州、长崎以及巴达维亚这三扇窗户，我们可以见证现代性的降临。

港口城市

港口一向令醉心于历史研究的学者着迷，然而讽刺的是，即使历史学家们已经在全球史中赋予了这些城市重要的角色，但对于港口城市这个概念，却没有令人满意的定义。[①] 例如，布罗代尔（Fernand Braudel）指出了在经济世界，或者华勒斯坦（Immanuel Wallerstein）所说的现代世界体系发展过程中，

---

① "No criteria exist to set the port city apart from the city in general or from a port as such, or a coastal town or village. Physically functioning as a port, a place where trade goods or passengers were exchanged between land and sea... port cities might often have the distinct character of a maritime community and serve as agents of social, cultural, and economic interchange." *Peter G. Reeves, Ports and Port Cities as Places of Social Interaction in the Indian Ocean Region: A Preliminary Historical Bibliography*, Perth: Centre for South and Southeast Asian Studies, University of Western Australia, 1981.

一系列港口城市扮演的角色。① 将近25年前，由已故的Frank
Broeze 及 Kenneth MacPherson 率领的一个澳大利亚团队，对印
度洋一带的港口城市进行了一个比较研究的计划，并出版了两本
有趣的论文集：*Brides of the Sea*（《大海的新娘》）以及*Gateway
of Asia*（《亚洲的门户》）。② 他们无意鼓吹人们建构一个巨型
理论，并且宣称，自己只要能够做到以下这件事就很开心了：
"提供一个可能帮助我们更理解亚洲乃至全球港口城市的发展、
功能及历史意义的基石，无论是借由单独或一系列的研究"。这
个万花筒式的视野，构成了一个针对港口城市的日本研究计划的
基础，后者最近完成了三卷的个案研究，题名为"港口城市的世
界史"。③ 然而，这个三部曲的各个子标题——"港口城市的海
洋图景""港口城市的地志"以及"港口城市的生活"，显示出
了由布罗代尔而来的启发，因为它们从长时间的历史结构视角，
一直谈到对每日生活的快照式描绘以及世界的时间。

　　我的目标则更小一点。我意欲在一个更有限的时间框限
内，讨论围绕着同一片海域的三个港口社会。以广州、长崎及
巴达维亚为中国海一带人类活动的焦点，我将比较这三个城市
根本的重要差异，并同时将这三个城市的海事机构以及荷兰东
印度公司结合在18世纪下半叶的历史中讲述。然而，在我做这
件事之前，让我们先看看中国海地区的地理特征和历史结构，

---

① Fernand Braudel, *Civilization and Capitalism, 15th—18th century*, 1st
U.S. ed. New York: Harper and Row,1982—1984, 3 vols.

② Frank Broeze（ed.）*Brides of the Sea: Port Cities of Asia from the
16th—20th Centuries*, Honolulu: University of Hawaii Press, 1989. Frank Broeze
(ed.), *Gateways of Asia: Port Cities of Asia in the 13th—20th centuries*, New York:
Kegan Paul International,1997.

③ 历史学研究会编：《港町の世界史》，第3卷，东京：青木书店出版
社，2005.

以观察在15、16世纪，一些特定的贸易模式是如何建立起来的。这些贸易模式，可能将会决定其后欧洲人来到这里建立属地的模式。

中国的海上疆域

中国海透过马六甲海峡（Malacca Strait）及巽他海峡（Sunda Strait）直接相连于印度洋，并一向被描绘为其附属区域。[1] 它在西边被亚洲大陆的海岸包围，在东部则是一连串的火山岛群，在北方是日本，在南方则是印度尼西亚群岛。这个海域的形状像是一个沙漏，形成其腰部的是台湾海峡。因此，当印度洋打开它与太平洋的连接口，较浅且为陆地所包围的中国海基本上就是个内海，或者，就像人们有时称呼它的，是"中国的地中海"（Chinese Mediterranean）。[2] 它的下半部，由印度尼西亚群岛、印度支那（Indochina）以及南中国包围的南中国海，几乎全都位于热带地区；而其上半部，由中国、韩国、日本及琉球群岛包围的北中国海，则是较为险恶的气候。

在过去的航海时代，中国海上的交通都是被交替的东北季风及西南季风引领的。这基本上意味着航向南洋——或东南亚海洋地区——的中国平底帆船，往往在农历新年前后启航，并在三四周之后抵达它们的目的地。接着，它们会在6月上旬季风改变方向后回航。不像在印度洋那边有些港口会视季风方向而

---

① K. N. Chaudhuri, *The Trading World of Asia and the English East India Company, 1660—1760*, Cambridge: Cambridge University Press, 1978.

② Angela Schottenhammer (ed.), *Trade and Transfer across the East Asian "Mediterranean,"* Wiesbaden: Harrassowitz, 2005.

定期关闭几个月，在中国南海这里，沿海贸易几乎一年到头都是可行的——这要归功于它锯齿状的海岸线，以及数不尽的岛屿，因为它们提供了避风港和停泊地。

从6月到10月，中国海的夏季航行曾是——直到现在也还是——一个充满风险的活动，主要的风险来自以时速60英里的风速肆虐这个区域的台风。因此，一千年来，要从南洋返回家乡的中国平底帆船舶长，可能要确保自己在6月里尽早出发，好让自己可以在台风季节到来前平安回家。这对该区域内的西方船舶也当然适用。

在16世纪初，中国的渔民和商人第一次在亚洲水域遇到欧洲人时，他们已经在中国南海探索并航行了将近一千年。他们从中国出发，沿着向西及向南的两条航线航行。东方的主要通道朝着摩鹿加群岛（Moluccas）或香料群岛（Spice Islands）方向通过菲律宾群岛，西方的通道则紧贴着中国南部海岸及海南岛，通过越南的海岸，然后在柬埔寨（Cambodia）岔开，一条海路向西深入泰国湾（Gulf of Thailand），另一条则往南通向马来半岛，并从那里继续沿着苏门答腊海岸通到其位于爪哇的终点。

除了地理上的考虑及其对中国海区域海上交通的影响以外，人为的因素也影响了贸易的模式与律动，并使中国海区域独立于印度洋之外，其中包括了中国与日本帝国行政部门对中国海贸易实施的特定制度性限制。虽然中国所谓的"朝贡系统"曾被严重地高估（从中国的角度来看，"朝贡系统"代表中国式的世界秩序延伸到了海上以及东南亚的海陆区域），但无人可以否认以下的看法：在17世纪的中国及日本发生的王朝体制重大的改变，以及随之而来的国家形成过程，对中国海的贸易有着极大的影响。在17世纪初时，中国禁止中国私人商旅前往海外的海禁开始失去实质上的用处，日本却开始使用这个方式来保护自己的海岸疆界，并且将海禁的执行完善到了某种中国梦寐以求的程度。

官方意志的限制

过去，历史学者主要以中华帝国当局的官方意志为视角，来研究中国的海疆及其与海外的联系。费正清关于朝贡系统的研究也奠基于此，他的学生也多多少少地跟随着他的先见之明而行，约翰·韦尔斯（John Wills）可能是个例外。在他比较晚近关于中越关系的研究中，承认这种做法存在着某些缺点。[①]于是，我们被非常片面的观点所局限，这种观点主要建立在中央政府心目中海岸事务应该如何被管理的预设上，而不是这些事务真正的样子。早期中华帝国研究的前辈 Hans Bielenstein，在他最近的《中国世界里的政策与贸易》一书中，得出了与我近似的结论，他宣称"一个以中国为中心的朝贡体系并不存在"。[②]

关于海疆中，帝国神话和现实情况的比较研究实在非常稀少。（我认为"帝国神话"的特殊观念，在于帝国的秩序应该如何被延展到其周边的人民身上。）中央政府比较关心的是防止内部的汉奸与这些野蛮人同谋，而较不关心直接来自野蛮人

---

① John King Fairbank (ed.), *The Chinese World Order: Traditional China's Foreign Relations*, Cambridge, MA: Harvard University Press, 1968. J. E. Wills, "*Qing Relations with Annam and Siam, 1680—1810*," paper prepared for presentation at the Eighteenth IAHA Conference, Taipei, December 2004.

② Hans Bielenstein, *Diplomacy and Trade in the Chinese World, 589—1276*, Leiden: Brill, 2005, pp.4, 5, 675.

入侵的威胁。即使在不断受到游牧民族骚扰的西北边疆，中央政府也持着相同的态度。这种态度之坚定，可以从乾隆在马戛尔尼使节团访华期间所表现出生动的一致性上看出来。乾隆并没有特别在意这些英国人的行为——中国有一套行之有年的仪式来控制这些造访的船只——但乾隆害怕的是中国的叛徒可能会与这些访客联系，并图谋不轨。[1]

没什么人充分注意到，从16世纪起，朝廷一直固执地否认这个事实："非官方的"中国人在南洋不断出现，并且造成了日益可观的影响。对明清时期季风亚洲地区的行政部门与唐人创业者之间的紧张关系而言，"眼不见为净"可能是适当说法。相较于欧洲的海外扩张，中国的旗帜并没有紧随着贸易的步伐而开展。结果导致现代学术普遍忽视或低估了中国缓慢蔓延的海外扩张与经济渗透的重要性（经济渗透指每到一处就使自身适应于当地的情况）。真正自始至终使明清两代不安的，并非外国人本身，而是中国臣民可能借由某种方式利用外国人并在边疆制造问题。

直到1840年，第一次鸦片战争爆发，[2] 清廷才意识到西方真正的威胁。[3] 在此之前，帝国政府担忧的主要是海外臣民不受控制的冒险活动，也就是政府称为海盗或是不法分子的那批人，而非欧洲扩张对中国世界秩序造成的挑战。中国总是往内看，总是关注"内部安全问题"，例如海盗或走私。中国无法取得海外现况的信息，是由于他们并未致力于搜集这类情报。

---

[1] 例如 Alain Peyrefitte 在以下这本书中的绪论，评论了中国这种一致性的倾向。参考：Alain Peyrefitte and Pierre Henri Durand, *Un choc de cultures, la vision des chinois*, Paris: Fayard 1991, p. 1xxii.

[2] 编者注：原书作"1839年"，中国史学界认为道光二十年，即1840年6月，第一次鸦片战争正式开始。

[3] Jane Kate Leonard, *Wei Yuan and China's Rediscovery of the Maritime World*, Cambridge, MA: Harvard University Press, 1984.

而日本德川幕府则反其道而行。在1800年左右，一个乾隆朝晚期的满大人就是这样解释何以中国精英对海外世界如此无知："我们对那些海外王国几乎一无所知，因为他们不来朝贡，跟我们中国也没什么往来。我们在海外做生意的国人满脑子只有逐利，而且他们既没有来自书本的知识，也没有兴趣或能力记录他们看到的一切。这会是个大问题。"①

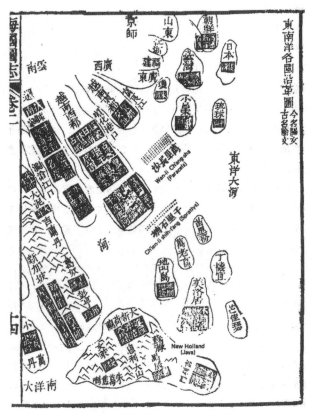

1852年，一份中国南海的地图。本图出自魏源的《海国图志》。②

---

① 刘希程为《海岛逸志》所写的序言。（清）王大海：《海岛逸志》，1849年英译本，上海：麦都思墨海书馆。
② 书中地图系原文插附地图。

中国海外贸易政策

在两本写于50年前的开创性研究中，中国历史学家田汝康首开先例地关注17世纪到19世纪中叶，中国与东南亚帆船贸易的重要性。[1] 从那时起，其他的历史学家对于这样一个现代早期的运输网络给予了相当的关注，因而开辟了一条新的研究路径。[2] 这个研究指出，现代早期中国海外贸易扩张不应该如中国中心论的学者所抱持的想法那样，被视为帝国政府朝贡体系的一部分，而是在遍布中国东南沿海各省的贸易活动中，地方经济和跨越村子边界的机会商业化的结果。[3]

---

[1] 田汝康：《17世纪至19世纪中叶中国帆船在东南亚洲航运与商业上的地位》，《历史研究》1956（8）：1—21和1957（12）：1—12。另外参见田汝康：《中国帆船贸易和对外关系史论集》，杭州：浙江人民出版社，1987。以及 T'ien Ju-k'ang, "The Chinese Junk Trade: Merchants, Entrepreneurs, and Coolies, 1600—1850, " in Klaus Friedland(ed.), *Maritime Aspects of Migration*, Cologne: Böhlau, 1987, pp. 381—389.

[2] 近年来有一些具体研究早期近代中国的海洋贸易网络的著作。包括：陈希育描述运输业，参见陈希育：《中国帆船与海外贸易》，厦门：厦门大学出版社，1991。林仁川的著作则提供了早期东西洋运输细致的描写，参见林仁川：《福建对外贸易与海关史》，厦门：鹭江出版社，1991。17世纪80年代的厦门贸易情况参见：Ng Chin-Keong, Trade and Society: *The Amoy Network on the China Coast, 1683—1735*, Singapore: Singapore University Press, 1983. 暹罗与中国的贸易关系参见：Jennifer W. Cushman, *Fields from the sea: Chinese Junk Trade with Siam during the Late Eighteenth and Early Nineteenth centuries*, Ithaca: Cornell University Press, 1975. 巴达维亚的帆船贸易历史参见：Blussé, *Strange Company*, pp.97—155. 关于福建人的网络见 James Chin Kong的博士论文：James Chin Kong, "Merchants and Other Sojourners: The Hokkien Overseas, 1570—1760," PhD diss., University of Hong Kong, 1998. 以及廖大珂：《福建海外交通史》，福州：福建人民出版社，2002。

[3] 例如：Sarasin Viraphol, *Tribute and Profit, Sino-Siamese Trade, 1652—1853*, Cambridge, MA: Harvard University Press, 1977, and Hamashita Takeshi, *Kindai chūgoku no kokusaiteki keiki: Chōkō bōeki shisutemu to kindai Ajia* [Early

在进一步说明以前，让我们来看看中国的海上贸易网络，好了解这个运输体系如何在现代早期的东南亚，发展成一种持续创造并塑造海外华人据点的动力。为此我们必须先了解中国海外贸易关系的制度背景。

几千年流传下来的中国官方资料在处理海疆的都会策略上，呈现一种墨守成规的态度。他们倾向于解释中国与海外世界的关系如何转化为一套海外朝贡关系的礼仪，或是出于海岸防御的安全考虑，例如在战略要地上设置驻防地，以及实施海禁措施。虽然历代以来在沿海城市里接待外国客商的行政程序始终如一，中国政府对自己臣民海外航行的政策却扑朔迷离。朝贡系统引导来往的外国使节与商人到规划好的通商口岸，例如广州、福州、宁波等地，似乎运作得很理想。从另一面来看，在中国商人身上运作得却不甚理想。中国执政者将后者视为在帝国规定及秩序下的违法犯纪之徒。

1368年，当明朝的建立结束了蒙古人长达一个世纪的统治后，这种情况变得相当清楚。明朝的第一个统治者朱元璋，禁止了一切私人与外国的交易，目的是取得对边界的全面控制，以及驱逐海岸线上的伊斯兰商人——他们在蒙古和平期间（Pax Mongolica）从福建省泉州（马可·波罗所谓的"刺桐"）这样的海岸城市出发，掌控着中国的海外贸易。[①] 到了1405年，永乐皇帝这个亟欲建立自己名声的篡位者，让三宝太监郑和带了

Modern China's International Turning Points: The Tribute Trade System and Early Modern Asia〕, Tokyo: Tokyo Daigaku Shuppankai, 1990.

① Kuwabara Jitsuzo, "On P'u Shou-keng," *Memoirs of the Research Department of the Tokyo Bunko* 2(1928), pp.1—79; vol. (1935), pp. 1—104; Billy K. oL. So, *Prosperity, Region, and Institutions in Maritime China: The South Fukien Pattern, 946—1368*, Cambridge, MA: Harvard University Press, 2000.

7支大舰队通过东南亚到达印度洋，他们造访了不下37个国家。或许可以这么说：一旦这些被郑和舰队刺激到的海外统治者开始派遣固定的朝贡团前往中国，明朝的帝国政府就撤回了自己的海外探险队，然后重新实施海禁，以管束自己以航海为生的子民。在"寸板不下海"的祖训下，官方颁布了严厉的警告，禁止中国私人商旅航向海外。明初皇帝加诸邻邦身上的朝贡体制，表面上是借由建立邻邦与"中央之国"适当的关系，以促成政治上的稳定，在实际的效果上，却是为了禁止自己的臣民和外国人有所联系。①

明朝的海上贸易禁令的本意在于防堵私人海运力量的集结，但却造成了一个相反的结果。目空一切的中国商人在马来群岛向当地统治者寻求保护，并且一如既往地活动。他们甚至装扮成"南蛮"，并且假装成来自远方的朝贡者。在这方面，和琉球的链带也很重要——许多福建家庭移居到这个位于中日之间的岛国，他们不但成为中国、日本、琉球间的主要运输者，还建立起与东南亚的联结。这些合法（朝贡）和非法（私人）的冒险活动，维系了福建的海洋传统，使之得以存活。这些在东南亚和福建之间航行的朝贡团船员，基本上都还是中国人，他们只是换了服色和旗帜而已。②

在航海的领域里，到目前为止，还没有什么人做出努力来破解"帝国秩序应该如何实施在周围的人群身上"这种观念的

---

① Bodo Wiethoff, *Die chinesische Seeverbotspolitik und der private Überseehandel von 1368 bis 1567*, Hamburg: Gesellschaft für Natur-und Völkerkunde Ostasiens, 1963.

② Chang Pin-tsun, "Maritime Trade and Local Economy in Late Ming Fukien," in E. B. Vermeer (ed.), *Development and Decline of Fukien Province in the 17th and 18th Centuries*, Leiden: Brill, 1990, p. 66.

帝国神话。中国海外贸易的官方政策从一个极端大幅摆荡到另一个极端。在其中一端，即南宋到元代之间，政府鼓励或至少许可海外贸易；在另一端，则是明代的全面禁止。明朝宫廷高度分歧的政策凸显了这一点。

在一开始，私人贸易是被严格禁止的，一方面是为了让统治者掌控他们的臣民，当然，另一方面是为了让皇权垄断贸易的利润，并且把贸易缩限在特许的门户（通商港口）中进行。然而，长期而言，宫廷借由朝贡体制垄断海外贸易的政策，却变得没效率甚至产生了不良后果。当国外贸易在中国南方主要的通商口岸广州缩减到只剩涓涓细流的时候，在福建的非法海外贸易却大幅增加。这种非法活动，伴随着被走私客吸引到中国海岸来的葡萄牙人，在16世纪50年代的中国沿岸造成了一拨海盗的兴起。

朝向解禁之路

到了16世纪中叶，四处徘徊的日本海盗与明朝海盗，也就是"倭寇"，从日本到菲律宾北部的吕宋（Luzon），支配着中国海的东方与南方海域。地下交易和海盗劫掠发展到了惊人的程度。对于强化海禁的努力越来越紧绷，但是人们却看到"海禁越强化，海盗就越猖獗"。于是，明朝宫廷被迫修订其海洋政策。[1] 南方沿海城市的人们，尤其是依赖海上贸易的福建人，亟欲促成海上贸易的合法化。

于是，在1567年，一个被称为"东西洋"的双层贸易网

---

① Chang, Pin-tsun, "Chinese Maritime Trade: The Case of Sixteenth Century Fuchien," PhD diss. , Princeton University, 1983.

络，正式地由福建的私商们建立起来。福建，正是传统意义上海外贸易者的老家。① 在新的规定下，每年，来自北方的季风吹起时，福建人被允许送出大约150艘商船，沿着中国海东方及南方的沿海航线前往热带地区。位于福建南部厦门湾的海澄港（Haicheng），在其仍称为月港（Yuegang）的时期曾是走私者的巢穴，被指派为这些主要航路的最后一站。然而政府的规定很清楚：这些中国商船的启航地，仍然是外国船只的禁区。同时，南方的广东省，则继续以广州作为传统上南洋朝贡船队进入中国的门户。在十年前，地方的统治者甚至允许葡萄牙商人在珠江口的小半岛澳门建立一个交易的海滩。由此，他们可以在规定好的季节里，和来自广州的商人进行贸易。由此，一个模式建立了——福建商人被允许出海，而广州则让外国商人前来。

欧洲人来了

　　无论是透过怎样的方法，在16世纪末，进入中国南海的欧洲海上势力占据了一部分的中国海交通量，并且意欲适应新创建的交通局面：他们或试着航向广州，例如葡萄牙人；或者连接东洋的航路，如同西班牙人在马尼拉；或者连接西洋的航路，像是荷兰人在巴达维亚。葡萄牙人还在九州岛建立了澳门与日本间的直接航路，方便从之前明朝政府对中日接触设下的禁航令得利。

---

　　① 关于东西洋之间海洋路径系统在明代福建人张燮(1574-1640)的《东西洋考》有广泛的描述，该书成于1617年。本书关注点包括：对海路上这些港口城市简略的描述、特产、航线船上所有工作人员的组织、征税系统，以及近似文学的散文篇章。见张燮：《东西洋考》，北京：中华书局，1981。

在我开始谈荷兰人在东亚水域的出现前，让我先谈谈前两个欧洲行动者在这幅画面中的运作。1511年，葡萄牙人在"西洋"外缘的马六甲海峡安顿了下来，并且建立了固定的交易所——1557年在中国的澳门，1571年在日本的长崎。由此，他们试着取得对连接印度洋及中国南海之干道的控制，并且对两个海域之间的交通收税。此外，从他们在澳门及长崎的基地出发，他们垄断了两个市场之间的贸易：中国市场需要来自日本的白银以活络他们的税收系统，日本市场需要丝绸、瓷器以及其他中国产品。

1571年，借由在马尼拉设置总部，西班牙人则沿着"东洋"设置了据点。他们为菲律宾引入了来自南美洲的白银，在那里用这些白银跟中国商人购买丝绸和瓷器，并且因而造成了当地海运流量的大幅增长。

新来客

荷兰东印度公司，或称荷兰联合东印度公司，以其在亚洲活动广泛的本质与无限的范围，被人视为世界第一个跨国公司。它成立于1602年，当时荷兰共和国正处于从西班牙王国独立战争所延续出的战争中。荷兰国会赋予这个远距公司异常多的特权，包括与好望角东边的"东方的王子与君主"发动战争与缔结条约的权力。借由如此的处置权，荷兰联合东印度公司成为反叛西班牙王国与葡萄牙的有效攻击武器。①

---

① Femme S. Gaastra, *The Dutch East India Company: Expansion and Decline*, Zutphen: De Walburg Pers, 2003.

到1595年，荷兰的第一批船队抵达东南亚的时候，中国、西班牙、葡萄牙的贸易网络已经在此区域充分运行了30年之久。时间又过了20年，荷兰人才选定了一个完美地点来管理他们在印度洋、中国海和印度尼西亚群岛海域之间的贸易活动——那就是巴达维亚——紧邻巽他海峡的爪哇岛的西缘，位于印度洋与中国南海间的重要干道上。荷兰东方帝国的首脑——总督简·皮特斯佐恩·科恩（Jan Pietersz Coen），在反复考虑后驻扎于此。这个在前朝雅加达王国（Jayakarta）废墟上建立的巴达维亚，在早期的中国史料中，作为一个贸易港，以巽他噶喇巴（Sunda Kalapa）之名被记载下来。荷兰打算让巴达维亚作为中国西洋路径的终点站。毫无疑问，对于科恩来说，巴达维亚必须依赖中国的贸易网络以及中国的人力资源，好维持其在印度尼西亚群岛的生存。更重要的是：他相信，中国市场的开放，是东印度公司贸易网络在亚洲能更成功扩展的关键。

在与葡属印度（Portuguese Estado da India）竞争的过程中，拥有更多船只、人员以及财源的荷兰，开始建立在季风亚洲的自给贸易网络。这个自给贸易网络连接了印度的纺织品区域、摩鹿加群岛的香料区以及中国与日本间曾为葡萄牙人垄断的、有巨利可图的白银与丝绸交易。这个进程可以直接连接到荷兰争取从西班牙哈布斯堡王朝（Habsburgs）独立的奋斗：直到1648年《西伐利亚条约》（*Treaty of Westphalia*）签订前，中国海上烽烟四起，一边是西班牙与葡萄牙的联军，一边是荷兰的闯入者。

"红毛番"在远东

争取中国及日本市场，是一个长期必要而持续的、适应当地环境并需不断调整的过程。在一封来自荷兰省长Prince Maurice的信件获得大将军的私人允可之后，1609年，第一家荷兰东印度公司的工厂在日本的平户开设。荷兰人（以及若干年后尾随而至的英国人）面临着强大的挑战：借由在澳门与长崎的两个基地，葡萄牙人在中日贸易间已经取得了几乎无法撼动的位置。①

在其最初十年中，德川幕府（1603—1868）制定了各种策略来缓解贸易上对葡萄牙垄断者的依赖。因为日本海运在中国是被禁止的，而中国船只也被明朝政府禁止前往日本，获得中国货物的唯一方法，就是给予日本商船称为御朱印状的将军特许，使之可以前往东南亚与中国商人交易。为此，称为"日本町"（Nihon Machi）的日本属地，被设置在中国台湾、马尼拉、印度支那（Indochina）海岸的会安（Hoi An）和越南东京（Tonkin），以及泰国的首都阿瑜陀耶（Ayutthaya）。

1624年，在大员湾（译者按：今中国台湾的安平）入口处建立的热兰遮城（Zeelandia Castle），很快带来了荷兰人与日本商人的摩擦，导致德川幕府在1628—1633年间宣布了对荷兰的全面禁运。在这些事件获得了外交上的处理之后，荷兰东印度公司的理事会得到了这样的结论——如果公司想继续在这个骄傲的帝国里做生意，唯一的选择就是使在日本的员工全然地

---

① 关于荷兰与日本的历史关系概论，参见：Leonard Blussé, Willem Remmelink, and Ivo Smits (eds.) Bridging the Divide: 400 Years, the Netherlands-Japan, Hilversum: Teleac/NOT and Hotei Publishing, 2000.

遵从当地的规矩和传统：

> 公司的人员……首要地必须虚心、谦卑、礼貌、友善，并对日本人极尽亲切，由此最终我们会赢得他们的心。"虚心"包含审慎的言行和谨慎的处事，"谦卑"意味着一个人永远不能以妒忌或高傲的言行面对这个容易受到冒犯的国家，反倒要永远表现得像是低人一等。"顺从"意味着我们不应该违反他们的法律，但也不要显得胆怯或是迁就，或是用零散琐碎的方式维护公司的利益。①

如同我们接下来会看到的，这些经营之道，遵循着"在日本则行乎日本"的想法，在接下来的那些年里，成为所有进一步行动的指导原则，而荷兰人由此获益良多。

日本的大范围海外贸易扩张，和荷兰与英国的东南亚扩张同时开始，随后很快又被幕府的干预打断。作为幕府扫除日本天主教势力（在当地被视为危险而具破坏性的）运动的一部分，德川家光在1633—1636年间发布了一系列海禁政策，终结了日本的海外交通以及臣民（多数是天主教徒）在日本町的居留。在和葡萄牙人竞逐对日贸易的过程中，卡尔文教派的荷兰人十分乐意挑起日本人对天主教传教士的仇恨。② 他们向他们的日本东道主保证，他们也一样被卷入了这场对这个"教皇宗

---

① F. Valentijn, *Van Oud en Nieuw Oost-Indiën*, Dordrecht, 1724—1726, vol. 5b, p.165.

② Leonard Blussé, "Divesting a Myth: Seventeenth-Century Dutch-Portuguese Rivalry in the Far East," in Anthony Disney and Emily Booth (eds.), *Vasco da Gama and the Linking of Europe and Asia*, New Delhi: Oxford University Press, 2000, pp.387—402.

教"的激烈对抗中。事实上，荷兰东印度公司面对幕府时，将自己表现成一个葡萄牙人的替代性选择，而且毫无威胁性。对于在有巨利可图的中日贸易间取代葡萄牙，荷兰人充满了热情。这样的热情在1639年获得了实现——在那一年，葡萄牙人被"永远"逐出了日本。

然而当荷兰东印度公司在平户商馆的大班弗朗西斯·卡隆（Francois Caron）谨慎地问及"由荷兰省长——奥兰治的费德里希·韩德里克（Frederik Hendrik）——派遣一名大使到幕府协助维系贸易关系"是不是个好主意时，答案是非常清楚的。幕府政权认为这毫无必要："他们何必派个大使来，为了荷兰商人在日本居留和发家的事实致谢？这些生意上的事情用不着派个大使。我们只忠于君王和实质的掌权者，而且是在他们来谈皇室的事务而非商业往来、要求战争中的协助，或者是要援助我们的时候。多派个大使来只会造成麻烦。"① 换句话说，他们只要真正的大使来谈皇室的事务，而不是贸易。这样的回应，反映出了荷兰商人在日本对国家规范的彻底服从。

真正的试炼在1640年到来。将军下了一道命令，要荷兰人拆除他们位于平户的商馆，并且迁移到长崎湾一个叫作"出岛"（Deshima）的人工小岛上，葡萄牙人曾经在此寄居。将军听闻了荷兰人做出的冒犯之举：将基督教的纪年公元"1639"刻在新盖好的大理石建筑上。收到这则命令的当下，卡隆说"凡是出自他权柄的旨意，我们都应该即刻执行"，旋即命人把这栋房子给拆了。见到命令被直接地服从，传达这则

---

① Historiographical Institute, *Oranda Shōkancho Nikki: Diaries Kept by the Heads of the Dutch Factory in Japan*, Original Text Selection 1, vol.4, 26 July 1639, pp.60—61.

命令的日本官员如释重负地叹了口气。据说，他还这么说："这样就省了我们的一大麻烦，也避免了流血。"他的确得到了指示："如果荷兰人有一丝反抗将军命令的迹象，那就得让他们知道一点分寸。"①

日本海禁的实施，到底有哪些直接的后果呢？第一，由于对马和萨摩藩大名的居中斡旋，日本跟西边的高丽及南边的琉球维持着完好的外交关系。荷兰人看到了新的商机，把船队派往着海外的港口，即那些多少有着规模可观的日本移民聚落的地方，这些人已经跟母国断了联系。荷兰东印度公司的船到了柬埔寨、会安及越南东京，承接了原本由日本船队进行，如今突然被终止的海上贸易。在原本由荷兰及日本商船相互竞争海上航路的暹罗及台湾岛，情况也是这样。当荷兰人在1641年拿下了葡萄牙人占据的马六甲，并控制了作为印度洋和中国南海之间第二条航路的马六甲海峡，他们就变成了该地区最重要的西方航海势力。

在中国，重新洗牌的方式则相当不同。无论怎么尝试，荷兰人就是没办法在中国沿岸找到一个立足点，所以一开始只好因循着日本模式，沿着印度尼西亚群岛、暹罗、柬埔寨、会安、越南东京的各个港口，和中国贸易网络中的海外商人交易。鉴于这个模式进展有限，科恩总督选择了使用更积极的办法来打开中国市场。1622年，他派一支12艘船的舰队去包围澳门，想由此让自己成为广州贸易的控制者。当这一着棋失败之后，荷兰人在澎湖列岛建立了基地，希望他们能从那里涉足

---

① Leonard Blussé, "Amongst Feigned Friends and Declared Enemies," in Solvi Sogner(ed.), *Making Sense of Global History*, Oslo: Universitetsforlaget 2002, p. 163.

中国的海上贸易。然而，1624年他们被大举前来的中国势力赶到了邻近的大员建立了热兰遮城，这是荷兰在亚洲的第二大堡垒。在荷兰东印度公司统治台湾的37年间，他们持续地在整座岛屿扩张其控制范围，并且带来了许多中国人在此开垦。于是，荷兰东印度公司渐渐被视为一个地区性的强权，策略性地坐落于中国、日本以及许多中国南海周边不同政权支配的港口之间。

对帝国过度扩张的焦虑

在40年里，不断抗衡葡萄牙人、西班牙人、英格兰人、爪哇人、中国人以及香料群岛的荷兰住民们，终究到了拟订收支平衡表的时候。从获得对摩鹿加群岛香料贸易的垄断地位开始，他们在17世纪中叶以前，已经涉入亚洲水域里几乎每一条重要的商业路线。荷兰东印度公司的交易员将印度的纺织品送到印度尼西亚群岛换取香料及森林里的产品，再带着这些东西横跨整个季风亚洲。他们从大员的中国商人处购入丝绸，再到日本将之换为白银。现在他们支配了印度洋和中国海之间两条水路——他们在东亚的地位显得不可动摇。

在17世纪20年代初期，公司的十七人董事会（Heren XVII，译者按：又称十七绅士），深知一切扩张都有着庞大的代价，他们警告帝国的战略家科恩总督：公司必须避免昂贵的战争，"如果能和保障我们资产的安全并行的话，不用太过在意常常被过度重视的名声或荣誉这种问题——在我们身为商人的立场来看，没有经过不法的手段或暴力而获取利润，就是一种荣誉"。①

1633年9月，在一封写给科恩继任者韩德里克·布罗尔（Hendrick Brouwer）的信里，他们进一步延伸了这个主题并且主张："最好的'办法'是服从这些亚洲国家的法律……既然这些法律及传统还可以忍受，而且我们还能够在这里经商获利，为了自己好，我们应该遵从这些土地上的法律及传统。"② 从头到尾，这些全世界最有权势公司的经理及董事，都意识到了他们的极限所在并且害怕帝国的过度扩张。

他们的顾虑很快就得到了确认。1636年，海禁饬令的公布及实施带来荷兰人生意上的大幅扩张，接着短短几年内远东贸易变成了该公司"印度诸岛（Indies）贸易的主力"，公司每年将多达22艘船用于中国台湾及日本。身为日本市场唯一的供给者，荷兰人甚至可以对日本人与中国人并行的"日本世界秩序"有所贡献。借由透过中国台湾向日本供应大量的中国产品，他们缓解了海禁对日本这个岛国经济体之进口部门的第一波冲击，并且为它留下了一些缓冲时间来面对幕府的政策，以及达致一个专制的经济政策。讽刺的是，荷兰人的中国贸易伙伴现在看到海岸已经为他们净空，可以分享成果了——他们开始无视明朝政府的海禁，当时政府正投入全部心力在北方边界跟满族人激烈战斗。没多久，随着中国内战的爆发以及满族人的进攻深入位于长江三角洲的丝绸产地，中国的丝绸出口终告崩解，迫使荷兰人疯狂地寻找其他产区，来供应永不满足的日

---

① Gentlemen Seventeen to J. P Coen, 14 April 1622, quoted in Niels Steensgaard, "The Dutch East India Company as an Institutional Innovation," in Maurice Aymar(ed.), *Dutch Capitalism and World Capitalism,* Cambridge: Cambridge Press,1977, p. 153.

② Manuscript H45, KITLV Leiden, *Patriase missive,* 19 September 1633.

本人。一开始他们还可以在越南东京买入丝绸，但很快他们就开始把船开往曼谷。荷兰东印度公司在中国的贸易，终究失去了它"封闭回路"的特征。

明郑的兴衰(1630—1680)

在中国沿海海域，荷兰人并不像他们在日本那样有助于维持国际贸易的稳定。借由在海域里制造纷乱，他们不可避免地被卷入席卷中国半个17世纪的内战旋风之中。在建立了位于台湾岛的大本营以后，荷兰人经常显现的打开中国市场的企图开始预告着：一个中国沿海水域前所未有的走私与海盗浪潮，将会因为荷兰人在福建沿海和中国走私客的结盟而愈演愈烈。

1628年前后，一位荷兰人的合作伙伴郑芝龙中断了与荷兰人的关系，加入了福建省沿海管理当局，就任为海军指挥官，他建立了规模可观的舰队，并且成功地将荷兰人逐出了沿海水域。但是，郑芝龙也制定了一个暂定协议，并答应给台湾地区的荷兰人一些中国的丝绸、瓷器和黄金，让他们维持和日本的交易。相对地，荷兰人则给中国白银和香料。由此他牢牢地控制了中国大陆与台湾地区之间的交通，甚至主管了大规模的人员输出——许多中国的工匠、猎人、农场工人和苦力来到了荷兰统治的台湾岛。在17世纪40年代以前，郑氏家族还派遣平底帆船前往日本和东南亚，并由此垄断了中国南方的海外贸易。然而，因为明朝宫廷在内战和叛乱中的倾覆，这个非同小可的特权地位并没有维持太久。在这一团混乱之中，满族人找到了穿越长城的机会，攫取了北京的龙椅，并在1644年夏天宣告了清朝的诞生。

几年后，郑芝龙向新建立的清廷顺降，他的儿子郑成功（更广为人知的名字是"国姓爷"）则拒绝跟随父亲，继续效忠已经逃往南方的明朝政权。得益于起初由海外贸易获取的庞大利润，他得以招募足够的武力，坚持抵抗清廷的军队。然而，1656年，郑成功的主要收入来源受到清廷海禁禁令的影响而受到了损失。1661年，中国东南省份的沿海居民甚至被政府往内陆迁移30里到50里，相当于超过10英里。在同一年，荷兰人自己也被卷入中国的内战之中。在那之前他们两边都下注，1655年他们派遣使节到清廷请求允许在广州通商，同时他们也跟福建的郑成功集团做生意。然而在1661年春天，郑成功被进逼的清军所迫，跨越了海峡，从中国大陆来到台湾地区，然后，经过了八个月的围城，将荷兰人赶出了他们的据点。不用说，在1662年2月失去了大员这个转口港，给荷兰的中国海贸易带来了一场大灾难，现在荷兰人在中国海的贸易只能完全锁定在日本市场。

在荷兰人交出台湾之后不久，郑成功开始计划将他的海上王国扩张到西属菲律宾，但所有计划随着他在1662年突然病逝而烟消云散。郑氏家族统治台湾长达20多年，直到1683年，这个明朝最后的避难所被并入清帝国版图。

中国海洋政策的彻底变革

1630年到1680年间，将近半个世纪的民乱见证了郑氏海洋帝国的起落，接着，则是中国沿海区域的首度开放以及最终的重组。在这个时期，福建省创造了海洋贸易网络，在海外封建主的统治下，大型的"中国城"在长崎、马尼拉及巴达维亚——以及最重要的——被吸收进中国世界秩序的、原属于荷兰控制的台湾出现。一张17世纪中国海贸易大致蓝图已然浮现，这张图景受到德川幕府的许多影响：德川幕府创造了利基，使从福建来的郑氏家族以及荷兰新来者可以涉足其中，建立起中国海交通空缺中的桥梁。反常的是，尽管他们长时间对抗清王朝，中国南方沿海各省似乎并没有从这场战争中受难。相反地，在试图沿海航行到邻省的行动失败后，福建的明朝忠臣却比从前更加仰仗海外走廊，并且似乎建立了与周遭海域更强的联结。

在对东南沿海地区的30年战争中，清政府求助于海禁这个老法子，甚至撤离了沿海居民以防他们与敌人互通声气。但是当台湾这个反清复明的堡垒终于在1683年被攻克后，清廷觉得可以撤除海禁政策，并且重新采用在自身安全及沿海经济福利之间比较平衡的政策。在新的政策中，沿海省份的经济福祉会被照顾到，前提是海盗与走私行动不会再度猖獗。中央政府已经学习了他们自己的功课。尽管在接下来的数十年中，海外贸易的扩展基本上仍循着明代东洋—西洋网络的轨迹，但已不再限制在福建商人中，而是开放给南方沿海各省所有愿意加入这场竞逐的私商。

此处必须详述康熙皇帝在1684年所做的重要决定，秉持"通商裕民"的宗旨，他再度解除清代私人贸易的禁令。Zhao Gang在他最近完成的博士论文中指出，家乡与蒙古草原、中国以及韩国接壤的清王朝，有着悠久的喜好跨境交易的历史，因为他们依赖于西北亚的贸易网络。① 清朝的创立者努尔哈赤，

① Gang Zhao, "Reshaping the Asian Trade Network: The Construction

涉入了中国与高丽之间的跨国贸易。无疑，康熙皇帝同样看见了繁荣的海外贸易可以为帝国国库带来显著的利益。

南海贸易的大跃进(1684—1717)

无论是撤除海禁的清政府，还是解禁后中国商人前往的那些邻国，都无法想象在1683年绥靖沿海后，中国私商的海外活动会如此兴盛。巴达维亚和长崎是首当其冲的第一批航海港口，承受了中国运输业突然放宽这场巨大的冲击，然而，他们决定走向两条全然不同的道路。

到17世纪80年代为止，荷兰通过各种努力，试图与中国在广州以及其他港口建立常规的贸易关系，却以失败告终。他们已经派遣了不下三次的朝贡团到北京，却没有得到任何益处。[①] 而现在，在每个季风季节，巴达维亚突然要为规模在10艘或以上的大舰队提供服务，这些舰队要购买大量来自中国的补给品。荷兰人为省去他们自己派遣船只到中国沿海的麻烦而高兴——在中国沿海，他们容易被索取高额通行费以及"满大人们"一时兴起收取的各种杂费。他们满足地靠着中国运输网络来补给，认为这种安排只会让巴达维亚这个商业中心更加繁荣昌盛。但是很快，面对一年一度的20艘帆船载着数以千计的贸易者和找工作的投机者，荷兰联合东印度公司当局变得有些

and Execution of the 1684 Chinese Open Trade Policies," PhD diss. , John Hopkins University, 2006.

① John E. Wills, *Pepper, Guns, and Parleys: The Dutch East India Company and China, 1662—1681*, Cambridge, MA: Harvard University Press, 1974.

紧张，尤其是在听到当地的唐人首领抱怨他们无法再应付这些人口时。[①]

在日本，紧接于1684年中国海禁放宽之后，幕府对进入市场的中国商品洪流采取了严厉的措施，并且对集中停泊于长崎的100多艘中国帆船征税。在长崎的中国贸易商——这个人口5万的城镇已经很快就有了5000名中国商人——被限制在"唐人町"或是中国区。这里是特别为他们建造的，离出岛不太远，如此，他们便失去了迁徙的自由。

在这面貌一新的海外贸易扩张中，厦门仍是中国海岸贸易和华商在东洋与西洋贸易途径上的主要贸易中心。但是来自其他南方港口的船员，例如来自南方的广州、在广东省与福建省交界的汕头以及浙江的宁波及其以北，都加入了这场一窝蜂前进南洋的风潮中。南洋贸易的扩张为帝国带来了预期中的巨额财富，但是这些来自南方各省的海外移民，以及不受控制的海外探险行动却引起了清廷的警觉。这个活动的、不断往前扩展的海上边界，显然不像清王朝的西北边疆那样稳固、静止。

1717年，日渐老迈的康熙皇帝再次公布海外贸易禁令，力图封锁移民们未经授权的联外管道，因为恶名昭彰的他们已经把海疆变成了海盗巢穴。但是马已脱缰：由于当地利益的涉入，用海禁控制沿海区域已经不是那么容易的事了——在同一年，通向越南东京以及交趾支那的重要海路重新开启；在五年内，中国恢复了与这些南洋岛屿的贸易。

这些发展如何影响了巴达维亚的地位，或说如何影响了荷

---

① 关于荷兰行政控制巴达维亚帆船贸易的研究案例，参见："The VOC and the Junk Trade to Batavia: A Problem in Administrative Control," in Blussé, *Strange Company*. About the particular restrictions mentioned here, see p. 127.

兰联合东印度公司对中国的贸易政策？当康熙皇帝在1717年恢复海禁，突然停止的贸易成了巴达维亚的经济大浩劫。即使澳门稍微改善了这个低谷，并且交通很快就在暗中恢复，但是荷兰当局从中得到教训，在未来要不计一切代价避免对唐人贸易网络的过度依赖。

政策新与旧

这时，远在荷兰共和国的十七人董事会——荷兰联合东印度公司的首脑，急切地希望与中国市场重新建立联结。茶与咖啡已经成为与欧洲贸易两项重要的商品。荷兰从也门（Yemen）的摩卡（Mocca）购买咖啡作物，并且在巴达维亚南部的 Priangan 高地进行一些种植试验，爪哇咖啡的培育取得了巨大的成功。然而，茶的栽种与产品却是中国严守的秘密，同时，茶叶只能由中国传统的交易市场——广州——运往海外。荷兰联合东印度公司完全依赖中国帆船将茶叶送往巴达维亚，但是，英国东印度公司与西属尼德兰东印度公司却能直接遣送他们的船只到广州，在那里他们能以自己开出的价码来选购高质量的茶叶。1727年，十七人董事会决定他们应该恢复荷兰东印度公司在尼德兰、巴达维亚以及广州之间的运输线，以便与他们的欧洲对手在同样的条件下竞争。巴达维亚仍旧是荷兰与中国贸易的支柱。由于缺乏中国所需要的出口货品，其他欧洲买主必须用白银来支付茶叶，尤其是从欧洲发出的白银。

结论

从许多方面而言，在西方海外扩张的浪潮首次冲击亚洲以前，中国与日本的统治者都构筑了坚定不移的堤防。葡萄牙人与西班牙人在16世纪首先来到亚洲，这稍微领先于17世纪来到亚洲的荷兰人。广州与长崎的建设显示出显著的不同：在1580年，当长崎在葡萄牙人及耶稣会教士的帮助下确确实实地被开辟为一个通商港口时，广州作为被规划给外国商船停泊的中国南方海岸港口，已有近一千年的历史。不同于广州与长崎，巴达维亚则基本上是坐落于两个大帝国间的次要商业中心。由于其位于主要贸易十字路口的战略位置，经由荷兰以及中国的运输网络，巴达维亚成为提供中国与日本的热带货物的基地。

当清廷成功地使他们的海疆从荷兰"红毛番"的入侵中脱身时，却未能堵住自己的臣民自发地往南洋发展的洪流。相反地，尽管有加诸移民以及贸易上强制的帝国禁令，中国探险家、贸易商、旅居者的海外扩张继续纵横于东南亚洲的海域。中国的海疆在各方面都"如筛子般地渗漏"着。如此壮大且无处不在的中国人出现在海上，以至于荷兰人不敢剪断中国到印度尼西亚群岛（特别是巴达维亚）的航线，生怕杀死了会下金蛋的鹅。

在18世纪，西洋殖民势力逐渐在东南亚建立起来，并且由此开始他们对中国市场的探索。而他们建立势力的过程，背后则是由两个因素所决定的：一方面，是中日两国的限制政策；另一方面，则是中国的海外事业。

第二章

跨文化贸易的经营

> 在伟大的城市克萝伊街上走动的都是陌生人。每次遇
> 到的时候，他们都想象出一千种可能发生的事情，例如会
> 晤、交谈、意外的惊喜、爱抚、咬。
>
> ——卡尔维诺《看不见的城市》

现在这个故事的主线应该相当清楚了。在16世纪到17世纪的历史进程中，由于中、日王朝的更迭以及欧洲人在亚洲海上贸易的扩张，中国海区域发生了重大的变化。① 在服务于洲际贸易的港口城市里，我们可以看到区域与全球力量的互动与纠结。在这个故事里，可能没有人预料到坐收渔翁之利者，是活跃于各地的中国的私商网络。

现在让我们看看巴达维亚、长崎和广州呈现着什么样的景象，当地政府用怎样的管制措施与特殊手段试图控制国际

---

① The source for the epigraph is Italo Calvino, *Invisible Cities*, trans. William Weaver, New York: Harcourt Brace Jovanovich, 1974, "Trading Cities," p. 51.

贸易，在这些港口交易的是哪些商品。虽然这三个城市位于同一片海域的边缘，但由于所处的国家不同，它们的运作方式也很不一样。在我们透过更多的细节考察这三个商业中心之前，必须指明它们各自的特点：它们是由三个非常不同的"政府"建立的，而它们的变化也是根据这三个"政府"的需要而来。这三个"政府"分别是：荷兰联合东印度公司这个商业帝国，它以亚洲内部贸易为养分来源；日本的将军体制，它根据分而治之（divide et impera）的原则统治250位大名；还有清王朝，它透过人数不多的八旗贵族及合作的知识分子，统治3亿的中国农民。

作为中华帝国传统上的门户，广州这个贸易中心显然拥有最老的资历。根据王赓武教授最近向我提及的说法，这个坐落于南方的广东省的城市，甚至可能是全世界最古老的、持续运作的港口。在16世纪中叶，省里的官员为来自西方的航运做出了特别的调整：在珠江口附近的澳门，划了一块海滩给葡萄牙人交易。在17世纪的头十年，荷兰人和西班牙人试着保有他们的交易海滩，但是葡萄牙人很有技巧地阻止了他们。[1] 巴达维亚港在1619年建立，坐落在旧港口雅加达，又名巽他噶喇巴的基址上。巴达维亚的兴起造成了邻近的万丹港口（Banten）的没落，后者曾是中国人与欧洲人在爪哇进行贸易时的终点港。正如我们将看到的，长崎则是被当地的大名置于耶稣会的管理之下，好把葡萄牙的贸易引导到自己的封地来，从而减少其他日本南部港口的发展机会。

在16世纪末及17世纪初，这些港口全都获得了不同的形

---

[1] Leonard Blussé, "Brief Encounter at Macao," special issue: essays dedicated to Charles Boxer, *Modern Asian Studies* 22, no. 3(1988)；647—663.

象。这些形象清晰地展现在管理海外贸易所采取的措施中。现代早期国家的特征之一，是它们往往在众多选项中选择相对保守的制度来管理财政事务。例如，相对于自己征税，它们基本上把这些事交给了所谓的包税人或特许公司来做。

在广州，我们可以看到征税方式的有趣转变。一开始，明朝皇帝自己派太监到沿海省份收取进出口税的收益，好和当地的行政官员竞争；然而，到了清朝，透过一连串行政上的调整，朝廷朝着税收事务的全面转包跨了一大步，把这些工作包给称为公行（Cohong）的特许商人。与此同时，对于进出中国的船只，清廷仍然派出官员紧抓着传统的税捐、停泊税等收入。

我们在巴达维亚则可以看到，在不同的环境下，有了另一种典型的现代早期解决方案。荷兰共和国的议会（the States-General of Dutch Republic）在1602年给予联合东印度公司特许状，使联合东印度公司拥有好望角（Cape of Good Hope）以东贸易的排他性权利。因为这样的垄断地位，公司得以自行在巴达维亚征收进出口税。然而有趣的是，公司同时又把很多当地的税收转包给荷兰与中国的商人。

在日本，对于长崎国际贸易的管理，比起广州和巴达维亚更像是"传上去"（hands-on）的。在幕府这个以将军为中心的行政体制通过丝割符制度（译者按：输入生丝的专卖特权的证明）控制进口丝价之后，1698年长崎这个城市做出了戏剧化的决定：通过建立长崎会所把包含财务往来在内的所有贸易事务收归在自己的掌控之下。长崎会所形同政府拥有的贸易银行，所有荷兰和中国商人的财务往来都得经过它来处理。

看得见的城市：广州、长崎、巴达维亚以及美国人的到来

从这三个港口我们看到的是：在很大程度上透过典型现代早期国家机器进行的政府干预。正是对于控制商业转型的深刻迫切性，使得这三个政权无法掌握全球经济范围内更大的改变或转型，即使这样的事情先在巴达维亚发生，之后才出现在另外两个城市。之所以先在巴达维亚发生，理由似乎很明显：它毕竟是一个国际贸易公司在亚洲的总部。

作为清帝国以及德川日本唯一对外窗口的港口，广州和长崎在政治上依附于北京与江户这两个内陆政权下的朝贡体系，也并非它们所属王朝的社会、文化、政治、经济发展的推手。然而，巴达维亚则既扮演着荷兰东印度公司亚洲贸易网络的桥头堡，又是它们殖民帝国的首都。这个殖民帝国不断地扩张着，在（东）南亚占地为王。不像之前的统治者，新来的欧洲人从巴达维亚及马尼拉这样的殖民港口城市逐渐地取得对内陆的控制，使内陆臣属于沿海，并在此基础上创造了新的政经秩序。①

荷兰联合东印度公司在亚洲的地位

荷兰人把对亚洲机构的管理分成三个类别，以界定自己的定位。第一种是各个城市及殖民属地，例如巴达维亚、马六甲、摩鹿加群岛以及锡兰的海岸地带这些通过"征服"而获得的地方。第二种是公司人员及其家属居住的居留地——

---

① Kenneth McPherson, "Port Cities as Nodal Points of Change: The Indian Ocean,1890s—1920s," in *Modernity and Culture: From the Mediterranean to the Indian Ocean*, Leila Tarazi Fawaz and C.A. Bayly (eds.), New York: Columbia University Press, 2002, pp. 75—76.

在那些荷兰人与当地官员订有排他性贸易合同的王国中，而这些合同中的某些条文，可以保障荷兰人的特权地位。例如，在暹罗的王国首都阿瑜陀耶的交易设施群，就是这种居留地之一。① 第三种是在长崎和广州有一些较小的聚落，在这一类城市中，荷兰人获准在特定的季节从事交易，并须服从于当地政府规定得极端完善和严密的控管。在早年和各地的关系还没被好好厘清以前，科恩总督曾经去信给他在荷兰的主管说，荷兰联合东印度公司是在"当面叫战的敌人，以及假意亲善的朋友"之间运作的。② 坐落于各种港口政府以及地方王国和帝国之间，荷兰人学会去了解在他们周遭各个亚洲社会的习俗与民情。于是，荷兰的代表参与了各种"异国的"活动与宗教行为。他们用马来文、波斯文、葡萄牙文及中文写外交信函；在中国与日本，他们愿意行叩头之礼；他们耐心地遵从繁复的宫廷礼仪，无论是在莫卧儿皇帝，还是锡兰与爪哇的统治者Kandy及Mataram面前；此外，他们在暹罗宫廷里，像螃蟹一样在地板上匍匐前进。

一旦巴达维亚在它的亚洲邻居之间找到了自己的位置，十七人董事会便清楚地表示大家应该尽力：

造就自愿的、友善的交通运输，以及有利可图的贸易。毕竟这是这个公司主要的存在理由以及目标……当

① Bhawan Ruangsilp, *Dutch East India Company Merchants at the Court of Ayutthaya: Dutch Perceptions of the Thai Kingdom, c.1604—1765*. TANAP Monographs on the History of Asian-European Interaction 8. Leiden: Brill, 2007.

② Leonard Blussé, "Amongst Feigned Friends and Declared Enemies," in Solvi Sogner (ed.), *Making Sense of Global History*, Oslo: Universitetsforlaget, 2002, pp.154—168.

这点做到了以后，一个人必须进一步在任何地理位置或人们的天性可能触发战事时，极力地避免它的发生……不要过度注意名声或荣誉，这些东西常常被看得太严重了；就我们（身为商人）的观点来看，不经由不正当或暴力的方式而获取利润，这样的人就是光荣的。这跟王公或掌权者的考虑不一样——他们经常对荣誉严肃以对，甚至是看得太重了。然而在我们所处的境地上，这是明确的规则与教条，必须被宣达并遵守。①

荷兰联合东印度公司的员工明智地在这样的指示下生活着，并在这些他们获得安全保证的亚洲王国之中，服膺当地的法律和传统。或许除了葡萄牙人以外，没有任何一个欧洲国家的人，像联合东印度公司的荷兰人一样，如此深入地镶嵌入亚洲国家的礼仪和传统之中。

当美国的历史学者荷顿·福伯（Holden Furber）在他的比较研究著作《竞争的贸易帝国》（*Rival Empire of Trade*）之中，将17、18世纪欧洲人在亚洲的活动标记为"伙伴时代"时，他想强调的是：在印度洋，贸易是以相对平等主义的方式出现。有时东印度公司可以在当地居民之上建立垄断地位，但大多数情况是，公司的职员必须遵从当地统治者对国际贸易的规定。②

---

① Niels Steensgaard, "The Dutch East India Company as an Institutional Innovation," in Maurice Aymar (ed.), *Dutch Capitalism and World Capitalism*, New York: Cambridge University Press, 1977, pp. 235—258. Also in Pieter Emmer and Femme Gaastra (eds.), *The Organization of Inter-oceanic Trade in European Expansion, 1450—1800*, London: Variorum 1996, p. 153.

② Blair B. Kling and M. N. Pearson (eds.), *The Age of Partnership: Europeans in Asia before Dominion*, Honolulu: University Press of Hawaii, 1979.

市场的流量是建立于互惠与竞争之上，而且有时是被暴力的威胁所强迫出来的。特定的商品（例如胡椒）以一组特定的价格被送到欧洲公司的手上，不只是根据市场交易，也是根据一些特定服务（例如人身安全的保障）的交换而被安排出来的。这些服务的交换建立在与当地统治者达成的完善协议上。协议、条约或契约被亚洲统治者和欧洲贸易商视为带来稳定贸易条件的手段。

巴达维亚的贸易体系基本上是一个具有重分配性质的系统，并且依赖于商品和服务的朝贡模式。在17世纪，通过和印度尼西亚群岛以及当地爪哇统治者签订一系列协议，东印度公司的巴达维亚总部才完善了这个贸易体系。当商品流入了这个海洋贸易帝国的核心时，巴达维亚就成为一个带有磁力的大商业中心，吸引了来自各种族裔背景的旅居者。这些贸易商参与了由荷兰当局建立的新经济秩序，并由此获利。特别是连接起巴达维亚和中国南方经济体的通路，给予了这个城市大量的中国商品并促进这个城市大量的人力资源流动。荷兰联合东印度公司是如此受惠于中国船运，以至于在17世纪80年代，公司干脆决定停止自己派遣船只前往中国，留着这些船只用于暹罗的阿瑜陀耶、日本的长崎以及广布于印度洋的贸易路线。①

---

① Leonard Blussé, "No Boats to China: The Dutch East India Company and the Changing Pattern of the China Sea Trade, 1635—1690," *Modern Asian Studies* 30, no, 1(1996): 51—76.

巴达维亚：东方的女王

让我们先想象一下巴达维亚在18世纪初是什么样子。当时它仍然以"东方的女王"闻名，并且在季风亚洲的海洋上统治着一个扩张的、贸易的商业帝国。就某方面而言，如同它的前辈葡属马六甲（1511年）及西属马尼拉（1567年），巴达维亚在1619年被建成一个典型的殖民城堡市镇，结合了欧洲的规划及当地传统，而这些当地传统又源于原住民港口市镇的特色。在这个由荷兰东印度公司建立并掌管的城镇里，为数惊人的空间被拿来用作仓库和码头。公司一年平均派出25艘左右的船只前往亚洲，或从亚洲回到欧洲。在此同时，任何一个时刻里，都有将近40艘船只航行于亚洲的贸易通路上。①

这个矩形的城市隐藏在能俯瞰海洋一侧的巴达维亚堡后方，被护城河和城墙环绕，城墙上设有加农炮，不只用于防卫用途，还可以在城里有人造反时向城镇开火。沿岸种植着优雅树木的吉利翁河（Ciliwung）——或称大河（Kali Besar），将城镇切成两半，又有诸多桥梁及水道跨越其上。成排的笔直街道两侧有蓊郁的树木供人们在林荫下休憩，砖铺成的路面使人们便于行走。巴达维亚的砖造屋舍排成长列，就像荷兰的城镇建筑一样，但墙面经常刷白，以免室内遭受屋外的炽热阳光。

商人精英原本居住在气势宏伟、能俯瞰港外的城堡里，城镇里则居住了各族裔的社群，提供城镇必需的各种服务，例如

---

① Hendrik E. Niemeijer, *Batavia: Een koloniale samenleving in de zeventiende eeuw,* Amsterdam: Balans, 2005.

提供军事协助的亚洲基督徒自治社群，或是支持产业发展的中国人。这和马尼拉形成了一个对比：在马尼拉，西班牙人和中国居民间一直存在严密的藩篱。在巴达维亚，荷兰人、亚洲基督徒以及中国裔居民则生活在同一个城镇的城墙内，一起接受数量庞大的当地奴隶的服务，这些奴隶来自印度尼西亚群岛以及印度次大陆。

在环绕着城市的内陆地区，公司安排了许多土地，以集中安置所谓的"好战民族"在自己的小村庄里。这些民族包括巴厘岛原住民（Balinese）、白沙浮人（Bugis）、马都拉人（Madurese）和安汶人（Ambonese）。一旦被召集，这些民族就成为军队，在群岛的其他地方进行军事行动。[1] 在17世纪80年代与邻近港口的掌权者关系稳定了，城镇周遭变得安全了以后，商业精英们开始搬到巴达维亚城墙的外面，并开始在乡间建造优雅的私宅。

在抵达防卫妥当的停泊处前，停靠在巴达维亚的船只必须经过由岛屿筑成的迷宫——千岛群岛（Thousand Islands），或者联合群岛（Pulau Serikat）。东印度公司的船只、中国的平底帆船或者其他西方国家来的船舶，在吉利翁河口的巴达维亚堡以及市镇的外海一英里处下锚停泊。码头和杂货店建立在岛上，例如不安之岛（Pulau Onrust），在那里可以找到一切维修船只所需的事物。两座长长的防波堤从陆地向海上延伸，吉利翁河带泥的河水沿着它们流入大海。沿着这条水道，较小的印度尼西亚船只往来于内港鱼市（Pasar Ikan）。

① Remco Raben, "Round about Batavia: Ethnicity and Authority in the Ommelanden, 1650—1800," in K. Grijns and Peter J. M. Nas (eds.), *Jakarta-Batavia: Socio-cultural Essays*, Leiden: KITLV Press, 2000, pp. 93—113.

荷兰人在他们的所有海外属地复制了他们母国自治市完善的市政制度，例如镇政府、医院、法院、教堂、除弊机构与救济站。有趣的是，他们也提供了具有可比性的中国机构，例如宏大的甲必丹住所，包括了一个办公室，让他们每周会晤镇上其他的中国职员，以及设备完善的中医院。就在城墙的外面，有中国的寺庙以及大片的中国墓地，让中国人安葬他们的往生者。

巴达维亚在许多访客眼中像是"热带的荷兰"。这绝非只是因为它那些两岸植满树木的水道或是干净整齐的民宅，而且还是这个城镇特殊的商业本质、强大的防御能力、市民兼容并蓄的文化因素，以及市民自由及自尊的清楚展现（无论出于真实或想象）。此外，人们在这些欧洲形象之外，更惊讶于这个殖民城镇的中国元素。这些元素将中国社群理念化成一种另类的生活方式，以及一种社会组织的范例。①

巴达维亚是一个复杂的多元文化社群，人们开始意识到某些较不明显的文化现象也在运转。这个城镇是在前一个港口城镇雅加达的遗址上建立起来的，而它承袭并转化了许多这个地区港口封建主的特征。总督和印度群岛的议员们可能住在水边的城堡里，而不是在爪哇宫殿（Kraton）中，但是当这些绅士跟国外访客会面时，围绕着他们的仪式或礼仪上的规矩，仍然带着近乎帝王的色彩。就像在群岛中的其他地方，每个当地的商人都会在造访时发现，所有的贸易事务都先找港务长，即港口管理者处理。他们不只提供翻译人员，也在与马来船长的紧密合作下，写外交文书给其他港口的领主。

---

① H. Kroeskamp, "De Chinezen te Batavia (1700) als exempel voor de Christenen van West Europa," *Indonesië* 6, no. 4(1953): 346—371.

在马来世界里，统治者之间传递的文书上总是附加了重大的、礼节上的价值。这类外交书信的写作被提升为一种艺术的形式，在这种语言艺术中收信者会被奉承，却同时不损及发件人的地位。作为一个区域强权的首府，巴达维亚被卷入频繁的、与其爪哇海域邻居的外交往来中。海外来的使节定期在此接受盛大典礼的接待，并且被接待在巴达维亚堡里。在那里，来自他们统治者的信件会被呈给总督和印度群岛议员，许多直到今天仍保存在荷兰联合东印度公司的档案室里。饰以金箔的华美书信，负载了当地邻居们对巴达维亚女王之地的见证。①

在每年春天，船只启航驶往巴达维亚之际，厦门的洋行商人总不免写下许多私人的信件，伴随着礼品，致赠给总督。这些信件将总督理想化成"巴王"（巽他噶喇巴之王），在动荡的南海上如同坚实的岩石一般挺立，并且请他照顾洋行送去的商人："住在遥远之地的人们以及您的邻居在此向您致敬。往来于巴达维亚的船只是联系陆地与海洋交通的十字路口。您，全能的主人，守护着大地与南海。您持守着您的律法与规则。您的恩泽广被，直至远东。"② 前往巴达维亚的中国船只由此获得了特殊的优惠待遇。不像其他的船队，被这个城镇如此倚赖的厦门平底帆船不需缴纳进出口税，而仅仅需要购买"先买权"，让他们免于四下寻找他们

---

① Leonard Blussé, "Queen among Kings: Diplomatic Ritual at Batavia," in Grijns and Nas(eds.), *Jakarta-Batavia*, pp. 25—42.

② Leonard Blussé, "The Vicissitudes of Maritime Trade: Letters from the Ocean Merchant, Li Kunhe, to the Dutch Authorities in Batavia(1803—1809)," in Anthony Reid (ed.), *Sojourners and Settlers: Histories of Southeast Asia and the Chinese*, St. Leonards, Australia: Allen and Unwin, 1996.

要的货物。当来自中国的移民人数超过了当地政府能够处理的数量而造成威胁时，各种权力制衡都出现在和当地的中国移民领袖的会商中。他们被当作掌理移民事务的官员，但是却没什么成效。

种族冲突

如同我在别处描述过的，巴达维亚不只是个荷兰殖民地，也同样是个中国城。中国人根据自己的习俗定居于此，并受自己头人、船长或代理官员的管辖，而这些人又依次受到荷兰当局的管理。① 这个看起来相当和谐的安排，被一个事件给打破了：1740年10月的华人大屠杀。这是一个大量杀害中国人的行动，事由则是为了回应失去了糖业农场工作的华人游民的暴乱，以及他们攻击城镇的行为。这场屠杀杀害了大约6000名居住于巴达维亚城墙内的中国人，无疑地，它对巴达维亚的华人以及城市经济造成了破坏性的风潮。指挥这场屠杀的总督Adriaan Valckenier被带离了他的办公室，并在等待审判期间被幽禁于巴达维亚堡的一座塔中。当他在九年后死去时，针对他的审判程序甚至还没开始，这或许是因为城里没有一个人的手是干净的。然而，为了防止这样的悲剧再度发生，人们采取了各种管理措施。一个与其他人隔绝的华人区在城外建立起来，而与中国社群相关的行政事务则更深入地被纳入当地的需求中。中国议会，或称公馆（Kong Koan）设立了，并且拥有

---

① Leonard Blussé, *Strange Company: Chinese Settlers, Mestizo Women, and the Dutch in VOC Batavia*, Dordrecht: Foris Publications, 1986, pp.73—96.

自己的办公室，也就是公堂（Gong Tang）。在那里，"甲必丹"（Kapitein Chinese，译者按：荷兰语原意为上尉，此处即华人摄政官）和他的官员们每周会面一至两次，在他们自己的族人之中进行审判，并且协调暂住者的管理，由此他们紧密地与荷兰殖民政权合作。①

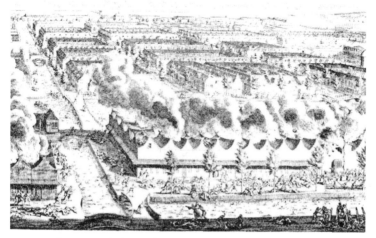

1740年10月9日发生于巴达维亚的华人大屠杀。图取自当时的小手册，现收藏于鹿特丹的Atlas Van Stolk，编号3597。

更加生动的则是中国皇帝收到巴达维亚的道歉信之后，朝廷言不由衷的反应。在这封信里，荷兰当局告诉中国人，他们认为必须"呈递一个真实而巨细靡遗的报告，以免那些嫉妒荷兰在陛下国内享有的、蒸蒸日上的贸易而眼红的人，会用错误的颜色描绘这些事件，好给予陛下错误的、对于我们法律介入的印象，借机伤害我们的贸易并从中得利"。在北京的清廷，支持与反对南洋贸易的官员之间产生了对抗。一名参与论战的

_____

① Leonard Blussé and Chen Menghong(eds.), *The Archives of the Kong Koan of Batavia*, Leiden: Brill, 2003.

中国官员指出，那些被杀害的中国人一开始就违背了皇帝要他们回家的命令，因此根据中国法令死有余辜，虽然他们的可怖命运也引人同情。其他人则指出重新颁布禁止海外贸易的禁令，将会使朝廷损失十万两的税收，而且"对那些已经买入库存准备进行贸易的人，伤害则会更大"。① 在争论终了之际，朝廷官员建议皇帝："现在爪哇王'巴达维亚的荷兰总督'悔悟了也有意改进，那么南海上的蛮子也可以获准和我们照常通商"。② 皇帝并不在乎他的海外臣民，他们通常被视为汉奸，也就是卖国贼或叛徒。

环境的恶化

较晚发生，但是对巴达维亚的人们更加致命的是城镇环境的崩溃。在18世纪末，每年有三分之一的市民死于热带疾病或传染病。这个死亡率高得令人难以置信——如同每三年死掉整座城的人口！这最终迫使人们撤离了城里迟缓无活力的水道，往内陆移动几英里，迁到较高处比较健康的环境。③ 有生命的机体，包括城市与国家，都会经历生命的周期，巴达维亚也不例外。当寇克船长（James Cook）在他们探险旅程中短暂停留于巴达维亚以修缮船只时，他的一名手下想必已经对他提过人

① "两"是中国的度量衡系统中的单位，一两银子折合公制约为五十克银子。

② Fu Lo-shu, *A Documentary Chronicle of Sino-Western Relations*, Tucson: University of Arizona Press, 1966, p. 174.

③ "The Story of an Ecological Disaster: The Dutch East India Company and Batavia(1619—1799)," in Blussé, *Strange Company*, pp. 15—34.

去楼空的房舍和荒废的花园。光是想到巴达维亚的不健康，就足以让其他国家不动任何攻击的念头。

对于这个为人称道的殖民城市是如何变成一个死城的，现在有许多不同的解释。在一百年前疟蚊还没被指认为头号凶手的时候，没有活力的坏空气——"瘴气"这个词完整地表达了这个意思——在传统上被认为是毁灭这座城市的主因。最近，一个精妙而有说服力的解释出现了：现在人们相信，是淤塞的吉利翁河口四布的鱼池扼死了这座城市，因为它们为这个物产丰饶的殖民地提供了疟蚊的繁殖场。①

为了帮助读者想象"回到空置多年的巴达维亚是什么感觉"，让我们读一读伊萨克·德胜（Isaac Titsingh）的文字记载，这个人我们稍后还会遇到。在18世纪90年代初，经过在孟加拉国一段长期的居留，他写道，当他不在时，他的朋友有时会写信向他提到巴达维亚令人痛苦的倾毁：

> 但我永远无法想象它会变得有多糟，一个枯竭而疲惫的殖民地，受因于感染空气几近致命的影响……这座城市的一部分已经废弃了，许多最为华美的建筑现在被三流的人物占据。这座城市的周围看起来还算繁荣，但是在多数人脸上可以看到的沮丧和消沉，说明了他们的感受……这一切对我这种人来讲是不可置信的——我在28年前就看过巴达维亚的财富，而这不可置信的一切，的确令我心头淌血。②

---

① P. H. van der Brug, *Malaria en malaise: De VOC in Batavia in de achttiende eeuw*, Amsterdam: De Bataafsche Leeuw, 1994.

② Isaac Titsingh, *The Private Correspondence of Isaac Titsingh*, ed. Frank Lequin, Amsterdam: J. C. Gieben, 1990, vol.1, p. 245.

　　在世纪之交，行政中心从巴达维亚市中心搬到了地势较高的威尔特弗雷能（Weltevreden），而巴达维亚堡则于1807年，在丹德斯（Daendels）总督的命令下正式拆除，这位总督当时正奉命被派到东方执行拿破仑的改革计划。到了今天，只剩下几栋雅加达市中心的建筑，提醒着我们这位"东方女王"的存在——到了18世纪末，它已经成为"东方的坟场"。根据后见之明，可以看到巴达维亚的生命周期跟东印度公司紧密地联结在一起，公司在1800年解散，它的亚洲总部在不久后也步其后尘，虽然并不是因为全然一样的原因。

19世纪初，Drummond 所绘的巴达维亚城。

从巴达维亚城堡俯瞰巴达维亚港，作于1772年。

巴达维亚的阿姆斯特丹城门。

仆人与遮阳篷。

巴达维亚的华人庙宇和天文台。

多福与爪哇的仆人。

巴达维亚的华人墓地，作于1815年。

长崎：另一种气候、另一个国家、另一座城市

对于航向琉球西南海岸的水手来说，世上可能没有比这幅壮丽美景更悦目的画面：祖母绿的山峦在晨雾之中浮现，很快，眼前的景象就变得像水晶一样透明。深蓝色的海面点缀着浮动的渔船，其上涌起的岛屿覆盖着繁茂的植物。在背景处横卧着由山丘、溪谷、小海湾及散落的渔人屋舍组成的风景。然而，这幅美景在夏天将会是另一个面貌，在这个季节里，它经常受到台风破坏性的侵袭。

掩藏在这座山与岛的迷宫后面的，就是长崎的避风港。山丘上点点的白色小屋指引了前往港口的路径，靠近一点仔细察看，这些小屋其实是防御性的建筑，有枪支瞄准着进出港口的船舶。船只通过的路径旁是成排的炮台，一路直到高鉾岛（Takabokojima，或称Papenberg Island），这座岛标示着海港的入口。（在17世纪30年代及40年代，日本人迫害基督徒期间，人们把基督徒从悬崖上丢下去。在这个骇人听闻的事件后，它被荷兰人称为Papengberg或Papist Hill。）这群山环绕的海湾大约长两英里、宽一英里，在它的尽头就是长崎。

这个陆地围绕的美丽海湾为当地渔民提供了安全的下锚处；还有被称作"弁财船"（bezaisen）的日本沿岸货船，形状特异；漆成明亮颜色的帆船则来自中国或暹罗、柬埔寨以及越南东京的各个东南亚港口；还会有一两艘荷兰东印度公司的船在贸易季节停泊于此。朝着长崎航行的旅客，会在他们的左手边看到突出的、扇形的人工岛屿，这座岛名叫月岛（Tsukishima），但更广为人知的名字是出岛。而在右手边，

则是约略呈四方形的中国区——唐人屋敷。根据港口城市原本的规定，来访的船只抵达后，船舱、大炮和火药必须被移下船，但是这条规定在多年后被废止了。然而，武器仍然必须上锁，而且唯有在岛上地位最高的商人被允许佩戴长剑。

长崎的故事很有趣。[①] 虽然它作为一个渔村的历史可以追溯到公元第一个千禧年，但它出现在世界史的记录上，却是从16世纪70年代来自澳门的葡萄牙人造访此地开始的。当地的封建主大村纯忠改信了天主教。为了确保澳门的船可以继续停靠于此，他做了一个特别的决定。他把长崎让渡给耶稣会，并让他们扮演长崎与澳门间贸易翻译及掮客的角色。范礼安（Alexandro Valignano）这位耶稣会的访客，在1579年来此时看到了一个只有四百屋舍的小型拓居地，但在接下来的几年里这个数字飞快地增长。

1587年大村纯忠过世后，丰臣秀吉这个稍后即将统一日本的军阀取得了这个区域，并且第一次颁布反天主教徒的法律。耶稣会的财产被充公，从那时起长崎港在丰臣秀吉的名下，由邻近的有马及大村两位领主管理并防御。然而耶稣会的教士很快又掌控了贸易。十年后问题又再次浮现，丰臣秀吉怀疑西班牙人及葡萄牙人可能准备入侵，下令处死一群耶稣会众及日本天主教徒，这件事很快就在天主教世界流传开来，这些人被称为长崎的26名殉道者。在丰臣秀吉的继任者德川家康主政之后，对基督徒的迫害仍在进行，然而这次却看不出对葡萄牙的中国丝绸与日本白银贸易有什么影响。

---

① 关于该城镇的早期环境状况，请参阅 Geoffrey C. Gunn, *Nagasaki in the Asian Bullion Trade Networks*, Nagasaki: Nagasaki daigaku keizaibu Tonan-ajia kenkyujo, Tonan Ajiakenkyu sosho no. 32, 1999.

1636年，葡萄牙人从长崎市区移居到了出岛。他们在那里一直被拘禁到1639年正式被赶走为止。两年后，荷兰人从平户市搬过来。荷兰人在平户过得相对自由，在出岛则较为受限，但最终出岛成为荷兰人接下来两百年的寓所。出岛大约长600英尺，宽120英尺，大约是两个足球场大小，周围用与人差不多高的围篱包围起来。岛上有两个出入口，一个面向通往岸边的桥；另一个则是水门（waterpoort），朝向另一侧，下锚停泊在长崎湾的荷兰商船可以从这里进出货物。在荷兰商人居停于此的两百年间，岛的右侧主要用于防火的仓库以及公司人员暂住的地方。在屋舍之间有两条街道，在街道中央与连接两个岛上出入口的路交会。岛的左侧则是开放式庭院，其中央有荷兰商馆馆长的两层楼住宅，与之比邻的则是菜园与香草园。公司的翻译们也在岛上拥有一座大宅，在交易季节他们会群聚在这里。同样，当地的管理人以及间谍（负责随时注意岛上的风吹草动）也有各自的办公室。

这里并不是要做太多对于长崎早期贸易的细节描述，但是我们必须谈一谈固定价格的"丝割符制度"，这个制度是日本人提出来的，目的是使贸易能配合当地的条件，并且避免丝价的大幅波动。在这个制度中，有一群特别指派的商人，分别来自各大商业城市如堺、大阪、京都、江户，他们会对被带到长崎交易的丝绸制定一个固定的价格，接着整批货物会在这个契约价以下成交。虽然这种制度的介入会降低葡萄牙人的巨额利润，但这也保证了他们可以卖掉所有的商品。这个制度在整个17世纪断断续续地维持着，同时它也是长崎特有的一连串干预政策中首先推行的。如同杰弗里·冈恩（Geoffery Gunn）正确指出的，几乎所有的交易都不是由葡萄牙人或其后的荷兰人经手的，至少在货物被购买的当下是通过当地或本地的机构。① 这一类的安排对来访的商人很合适，因为他们可以知道，当他们离去时不会还坐在自己进口的货物旁边。

自从1609年获得了德川家康给他们的第一张特许状起，荷兰人在日本就不需要支付任何停泊税或进出口税。然而，他们必须常规地向当地统治者献上他们的尊敬与服从。因此每一年，荷兰大班都会带着一名外科医生、一名秘书以及一群脚夫，启程前往江户进行一趟"宫廷之旅"。在这趟旅程之中，荷兰人会受到相当于一位大名的待遇。一路上，这些平常在出岛没什么机会和其他日本人接触的人，有了较大的自由可以和好奇的日本人接触并谈话。这些日本人可能会在他们晚上停留的时候，到客栈造访他们。荷兰人也利用这个机会造访名胜，例如在京都市内或周围的寺庙和圣地，有时甚至去了大阪的剧场，不可避免地观众都在看他们，而不去注意演员。从目前为数不多的私人通信来看，有人得到了这样的印象：这种前往江户的旅行，给予了在出岛过着无聊生活的人们一些相当受欢迎的调剂。②

关于宫廷之旅的有趣故事已经被引述了一次又一次。这些故事的作者是内科医生恩格柏特·坎普法（Engelbert Kaempfer），他在17世纪90年代初曾和荷兰大班一同前往江户两次。然而，现在发表的关于其他将近120次这类旅程的记录，

---

① Geoffrey C. Gunn, *Nagasaki in the Asian Bullion Trade Networks*, Nagasaki: Nagasaki daigaku keizaibu Tonan-ajia kenkyujo, Tonan Ajiakenkyu sosho no. 32, 1999. p.62.

② 其中一个荷兰大班清晰地记录下他前往江户旅途中发生的艳史，参见：H. C. Romberg 写给 I. Titsingh 的书信：Titsingh, *Private Correspondence of Isaac Titsingh*, vol. 2, pp.698—699; 也见 pp. 702, 704, 707 和其他地方。

让我们知道在这些旅程之间，随着时间的推移而有着可观的差异性，例如荷兰人在宫廷是如何被接待的。坎普法强调的是他遇到的观众们的闹剧气氛，但是这可能极为密切地牵涉到德川纲吉生性好奇的个人特质——他一向喜爱看到从附近来的异国面孔、红发的野蛮人，甚至还命荷兰大班的幼子跳支舞、唱首歌给他听。①

　　既然已经简略地看过了荷兰人是如何在出岛生活的，现在我们可以来看看他们如何经营贸易。我们可以得到一个一般性的观察：在整个17世纪及18世纪，幕府一直努力减少日本对国际贸易的依赖。为此它实行了一些非同一般的货币制度：首先禁止白银出口；接着降低小判的含金量，直到把这种硬币拿来当作商品输出变得毫无道理；最后，则是缩减了铜的出口。1698年，幕府建立了一个垄断所有金融往来的商业银行——长崎会所，接管了所有国际贸易的财务监理。当中国政府把这些金融服务都发包给特许商人，而后者经常因此而资金短绌时，日本幕府则选择紧紧地控制住这些金融事务以避免任何一种诸如欠款之类的争吵。②

　　我已经提过了丝割符制度安排，这种制度使得丝价被日本商人集团单方面决定。1672年，一个叫作"市法商法"的税制被使用在10种商品上。1685年这个税制的衡量方式又变成：对荷兰人以每年30万两为征收上限，对中国人的上限则两倍于

① Engelbert Kaempfer, *The Furthest Goal: Engelbert Kaempfer's Encounter with Tokugawa Japan*, ed. Beatrice M. Bodart-Bailey and Derek Massarella, Folkestone, Kent: Japan Library, 1995; L. Blussé et al. (eds.), *The Deshima Diaries Marginalia 1740—1800*, Tokyo: Japan-Netherlands Institute 2004, passim.

② Cees Camfferman and Terence E. Cooke, "The Profits of the Dutch East India Company's Japan Trade, "*Abacus* 40, no. 1(2004): 49—75.

此。（这当然是为了应对那一年中国海禁取消后，突然涌入日本的平底帆船浪潮。）在幕府幕僚新井白石的煽动下，新的管制措施在正德朝出炉（即所谓的"正德新例"），将获准在长崎进行贸易的船只数量限制为两艘荷兰船只，以及30艘中国平底帆船，并将荷兰人铜的出口量限制在15000担（约900吨），对中国人的限额则是这个数字的两倍。①

虽然日本的国际贸易量下滑了，但官方仍然持续地重视荷兰和中国船只的往返，因为唯有盘问这些船的船员，日本人才能搜集关于更广大世界的讯息。从中国的访客那里，他们系统地搜集整理关于中国及南海发展的讯息。对于荷兰人，这类信息的搜集系统甚至更加制度化且完善。每年8月荷兰人的船抵达的时候，一个翻译团将聚集起来，准备从刚刚抵达的荷兰商行领袖那里得知关于世界的新闻。他们会把这些资料汇总起来，写成荷兰新闻报告。感谢松方冬子的研究，我们现在知道了这些知识是如何被搜集并写下来，以传递给江户的。② 不用说，荷兰人偶尔会想要对一些信息做手脚，虽然这样子他们也会承担风险：日本人可能会从中国人那边得到同一件事的信息。美国独立与法国大革命在这样的制度下被报道给日本人，如同1795年法国人对荷兰的入侵一样。然而后者的消息

---

① Ryuto Shimada, *The Intra-Asian Trade in Japanese Copper by the Dutch East India Company during the Eighteenth Century*, TANAP Monographs on the History of the Asian-European Interaction 4, Leiden: Brill, 2006, pp. 39—44.

② I wao Seiichi et al. (eds.), *Oranda fūsetsugaki shūsei* [A Compilation of the Dutch News Reports], Tokyo: Yoshikawa Kōbunkan, 1977—1979, 2 vols. Matsukata Fuyuko, "1660-nendai fūsetsugaki no kakuritsu katei" [The Formalization Process of Fusetsugaki in the 1660s], in Fujita Satoru (ed.), *17-seiki no Nihon to Higashi Ajia* [Seventeenth-Century Japan and the West], Tokyo, 2000.

延迟了很久才被报告给日本，好掩饰"巴达维亚当局在自己无法派出荷兰船队时，授权给中立的美国、德国与丹麦船只前往日本"的事实。

搜集这些政治信息的举动，要和近代日本学者通过所谓"兰学"达成的、对西方研究的可观成果一同理解。[1] 从17世纪40年代，以对西方医学实践的好奇开始的研究，在整个18世纪发展成为对西方科学与技术的普遍兴趣。例如1800年，志筑忠雄——这位将西方语言学引介到日本的先驱，就以约翰·奇尔（John Keill）出版于1741年的《自然科学与天文学导论》（*Inleidinge tot waare Natuuren Sterrekunde*）为基础，写了一本关于牛顿物理学以及天文学的书。[2]

志筑本人也是发明"锁国"一词的作者，当时他正在翻译恩格柏特·坎普法著作的一个章节，讨论日本是否有权远离其他国家并自外于国际关系。直到19世纪日本人才意识到这个事实：在与其他国家保持距离的时候，他们成了"人类普遍模式的例外"。用坎普法自己的话来说："由此'日本'帝国的状态和情况（如同其过去的样子）、政府的形式（如同最近所建立起的样子）、人民的快乐与福祉、国家的性质、天皇的安全等事务，一致地诉求着这个国家必须永远关上门户，而在这里居住的外国人及外国习俗应该彻底被扫除。"[3]

[1] Marius B. Jansen, "Rangaku and Westernization, "*Modern Asian Studies* 18, no. 4(1984): 542.

[2] 志筑忠雄，又号中野柳圃(1760—1806)，早年曾在出岛任职口译人员，他自修荷兰文法著作，即 Willem Sewel 那部出版于1708年并且多次印行的*Nederduytse Spraakkonst*一书，著有《和兰词品考》。

[3] Engelbert Kaempfer, "An Enquiry, whether it be conducive for the good of the Japanese Empire, to keep it shut up, as it is now, and not to suffer its inhabitants to have any Commerce with foreign nations, either at

于是，日本人在他们的沿海水域做出了中国人永远没有办法做到的事：幕府借由控管得宜的权力制衡彻底掌控了军事和经济事务。任何进入日本沿海水域的外国船只都会马上被举报并检视；就算是中国和荷兰获准进入长崎的船只数量也严格地被限制了。与邻近朝鲜的关系由对马领主审慎地管理，对琉球的贸易也是这样被位于南琉球、鹿儿岛的萨摩领主控制。在18世纪中叶前几乎所有的外国商品都被日本产品取代。唯一留下的高价值外销产品——铜，则受限于销售限额，并以低于日本市场的价格卖给荷兰人——至少我们可以说这是个有趣的现象。

19世纪初，长崎湾。

home or abroad," in E. Kaempfer, *The History of Japan*, reprint, Richmond, Surrey:Curzon Press, 1993, vol. 3, p.330.

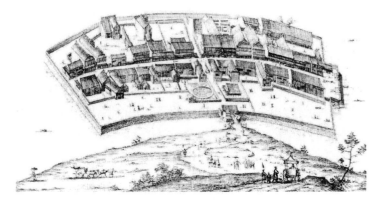

出岛，作于1669年。

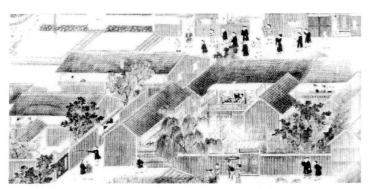

长崎的华人区。

晚宴。

贸易拍卖。

情妇Yujo，作于19世纪初。

街道与交易。

广州：天子南库

　　广州这个港口城市坐落于珠江岸边，离河口有一段距离。这个以城墙环绕、昵称为"天子南库"的都市，在欧洲人到来以前就已经负责国际运输达一千年之久。它的通路被沿岸的堡垒小心地防卫着从海上来的攻击。我不该在此细数各种细节的变化与调整，这些变化与调整创造了一组独特的控制机制，以管理这个港口和外国人的贸易往来，也就是所谓的"广州系统"。像马士（H .B. Morse）和璞查鼎伯爵（Earl Pritchard）以及最近的范岱克（Paul Van Dyke）这些学者已经在这些深具启发性的港口运作逻辑案例中，贡献了许多细节。因此，在这里，只要概述通则性的外观就好。①

在18世纪，船只不会一路开到广州，而是在黄埔滩头下锚，这个停泊地大约在珠江口的澳门上游 60 英里、广州下游约 18 英里处。船员在澳门与为他们带路的领航员会合后，大约还要航行一至两周才会到达黄埔滩头。他们只能在涨潮时航行，甚至就算在涨潮时，船的龙骨有时也会碰到珠江口水底的泥沙。如果没有风，就要用50艘左右的带桨舢板把东印度公司的大帆船（East Indiaman）拖到黄埔去。1784年有不少于45艘的航船停在那里，排了3英里之远！② 在黄埔滩头，会有一个中国的保商会负责船只必要的关税，还有保证船员可以行为有序的担保品。行商也安排货物的销售，并且提供回程载运的货物。事实上，他是个"非官方"的官员，所有和港口当局的联系，都必须通过他。的确，如同范岱克曾经指出的，"这种个人的责任——管理结构，从一开始就是贸易控管的基本组成成分"。③

同样不可缺少的是操洋泾浜的语言学家（或称lingos）以及他们的手下。他们是访客们与粤海关监督的中间人。粤海关监督一职是1685年由皇帝直接任命的，任期一年，其后又延长为三年。这些（通常是满人）官员总是先确保自己可以从这个

---

① Hosea Ballou Morse, *The Chronicles of the East India Company Trading to China 1635—1834*, Cambridge, MA, 1926. Earl Hampton Pritchard, *The Crucial Years of Early Anglo-Chinese Relations, 1750—1800*, Washington: Pullman 1937. Paul A. Van Dyke, *The Canton Trade: Life and Enterprise on the China Coast 1700—1845*, Hong Kong: Hongkong University Press, 2005.

② Erik Gobel, "The Danish Asiatic Company's Voyages to China 1732—1833," *Scandinavian Economic History Review* 27, no. 1(1979): 11. Foster Rhea Dulles, *The Old China Trade*, New York: AMS Press 1930, p. 12.

③ Van Dyke, *The Canton Trade*, p. 12.

有利可图的位置上获取最多的利益，并且以贪赃枉法闻名。他们会事先私下前往这里的船只，并且估量这艘船，以此估计出港口费。这种港口费由各种不同的收费项目（多到不能在这里提出来讲）组成，包括所谓"皇帝的礼物"，通常是每艘船3000 到 7000 墨西哥银元不等。在船只离开前，这些成规绝对是严格而烦琐的。在这些事情都处理妥当后，访客会得到一个关防，这是个通行证，用以沿河继续航行。

广州的港口费可能是全世界最高的。在交了这些钱以后，就可以开始卸货。货物会被转移到比较轻的驳船上，这些船可以把货物带往上游 20 英里，直至东印度公司在城墙外设置的各个商行。

这样的航行需要高明的航行技术。当小船被绯红的船帆和八个划船工往前推进，技术高超地绕过上百个以锚固定的船屋（这些船屋属于一生都住在水上的疍户）时，超凡的景致在过客的眼前展开。① 在河的北岸，访客可以看到 13 栋面向河水的两层楼建筑，有些屋子前方有国旗，这些房子一路大约延伸了半英里。这些是外国商行，据说它们有实实在在富丽堂皇的室内装潢，然而公司的官员真正想要的却是女性的陪伴，这却是被严格禁止的。造访英格兰商行的威廉·海克（William Hickey）写道："一个大班有四个美轮美奂的房间，公共寓所面对着河面。其余的则向陆地延伸两三百英尺，宽阔的庭园每

① Jacques M. Downs, *The Golden Ghetto: The American Commercial Community at Canton and the Shaping of American China Policy, 1784—1844*, Bethlehem, PA: Lehigh University Press, 1997. Note 175: "We rowed through streets at least 1—11/2 miles; on each side was the boat population of Canton and through the center were passing to & fro boats 20 times more numerous & with less confusion than the omnibuses & carriages in Broadway opposite the Astor House."

边都有一系列房间，每一组房间各有独立的入口和小花园，以及各式各样便利的设施。"①

在18世纪80年代，丹麦、澳大利亚、瑞典、法国、不列颠及荷兰的东印度公司商行一个挨一个地设置，而且根据荷兰商行人员的日记，这批资料虽被保留下来，但却很遗憾地被多数历史学者忽视，各个不同国家的商行人员之间有着良好的情谊，虽然他们是贸易上的竞争对手。外国商人只有在交易季节，被允许居住在他们的商行里。一旦船离开了，这些货物管理员就打包他们所有的东西并搬家到澳门，享受非贸易季（2月到7月底）的悠闲时光。1757年后，他们获准在那儿租赁房屋，和妻子或情妇消磨假期。

这个随着时间日渐完善，并适应当地条件的、积累各种相应操作程序的"广州系统"是相当令外人迷惑的。然而，在现实中，这些东西对外国人来讲没什么好抱怨的，因为在其中他们不必面临什么风险。如果一个行商破产了（这经常发生），他的同僚将会一肩担起他的债务并且结清与外国债权人之间的账务。有趣的是这种中国官方强制的、对外国人在广州债权的担保，直接成为1829年纽约州设立的"安全基金"（the Safety Fund）的模型，而后者是世界上最早的银行存款保险计划之一，也是联邦存款保险公司的模型。以下的文字来自一封信，由一位商人兼安全基金的倡议者乔舒亚·佛门（Joshua Forman）写给纽约州长马丁·范布伦（Martin Van Buren）：

① William Hickey, *Memories of William Hickey*, ed. Peter Quennell, London: Routledge and Kegan Paul, 1975, p. 136.

让银行对彼此而言变得可以信赖的适当性，可以从广州的行商身上看出来。在那里，一群各自行动的人，在政府的允准下拥有与外国人交易的排他性权利，同时在彼此生意失败时，对彼此的债务是可依赖的……这个抽象的公平原则已经经过了 70 年的现实考验，而在其下行商的连带已经获得了全世界的信任，没有任何安全措施可以超越它。将这个原则调整并使其适应我们共和体制的温和特质，就成了这个系统（译者按：指"安全基金"制度）的基础。①

这一切的管理方式，目的都在于让外国人和中国商人的互动离帝国管理体系越远越好。在长崎，商品的价格是被日本商人单方面决定的，而一切的簿记都掌握在政府经营的长崎会所手里。与此相比，广州系统则留下了大量的竞争空间给想要和外国人做生意的中国行商。Foster Rhea Dulles 引述了几个贸易参与者的说法，他们认为这个系统运作得很好。广州的第一任美国领事萧善明（Major Samuel Shaw）写道：在广州的贸易"看来与已知世界上任一地方的制度相比，都更简单而非更复杂"。② 这样的说法被罗伯特·莫里森（Robert Morrison）的《商业指南》（*Commercial Guide*）所确认：这本书指出，"没有一个港口能让贸易进行得快速而规范"，如同广州那样。③

---

① Carter Goodrich, (comp.), *The Government and the Economy, 1783—1861*, Indianapolis: Bobbs-Merrill 1967, pp.337—339, 348. 感谢 Frederic Grant 的意见。

② Dulles, *The Old China Trade*, p. 20.

③ Dulles, *The Old China Trade*, p. 21.

茶改变世界

不同于长崎和巴达维亚，在广州的贸易被单一产品支配：茶。在现代早期，可能没有任何一样其他产品，在商品模式、运输路线甚至政治上对全球贸易造成过这么突然的冲击，无论是直接的还是间接的。西方人，像欧洲人或美国人不可压抑的饥渴（1800年，英格兰每人一年平均消费两磅半的茶，加上17磅的糖来调味），① 不但剧烈地改变了亚洲史的面貌，也改变了世界史——茶贸易的利润把注了英国人对印度的征服。最后，在波士顿港被丢下船、扔进水中的一船中国茶开启了一连串事件，最终导致了美国独立战争。跨大陆的茶贸易也带来了无尽的、对贸易平衡的企求，主要是在银元上，因为西方没有什么银元可以支付给中国。

新的分配与交易中心出现在东南亚，在那里，英国人拿鸦片和武器换取热带产品，以让英属东印度公司有足够的资金在广州市场买茶叶。茶叶也意外地造成了曼谷大量种植鸦片，以及中国稍后从英国及美国进口"洋土"的现象。波士顿名门望族（Boston Brahmins）的财富紧密地建立在茶和鸦片的贸易上，因为这两者紧紧地和对方绑在一起。同样跟茶叶紧密联系的是瓷器，中国最历史悠久的外销商品之一。因为被大量的茶叶包围在中间，瓷器如今可以经历长途的运送，而少有损伤。1985年，潜水员找到1752年沉没于中国南海的荷兰船只札尔特博莫尔市徽号（Geldermalsen）时，他们发现船上载运的瓷器惊人地完整无缺，因为旁边的茶叶在船只撞上海床时缓解了瓷器受到的冲击。

---

① Henry Hobhouse, *Seeds of Change: Six Plants That Transformed Mankind*, London: Papermac, 1999, p. 115.

在18世纪30年代，每年有 2000 吨的茶叶经由所有在广州营运的欧洲东印度公司运往欧洲。两年后，这个数字翻了不止一倍，达到 5500 吨的水平。这是可以预见市场饱和的第一个征兆。经营较便宜品牌茶叶的荷兰东印度公司第一个感受到这种冲击。即使是最精选的茶叶，价格也开始滑落，而荷兰人则越来越难以卖出质量较差的茶叶。然而其后荷兰却又受惠于欧洲持续不断的战争：在离荷兰相当遥远的奥地利王位继承之战（War of Austrian Succession）期间（1740—1748），荷兰持续派遣船只到中国，而它的对手却无法这么做。在茶叶贸易于1757 年重整以后，荷兰联合东印度公司的董事设立了中国委员会，以便从阿姆斯特丹直接管理茶叶贸易，于是这个荷兰公司一直拥有着20%的市场，直到18世纪90年代。受惠于在印度和中国之间往来的独立不列颠商人，所谓的"港脚贸易商"，英属东印度公司掌控了三分之一的市场流量。

1783年，《减税法案》（Commutation Act）通过了，其中英国政府将茶叶税从 119% 降低至 12.5%，这与或合法或非法大量供给英国市场的欧洲茶叶贸易的混乱息息相关。但是由于不列颠船只还不足以运载所有预计送回国内市场的茶叶，这个政策变化的反向影响并不是即刻显明的。真正冲击荷兰茶叶贸易的是法国对尼德兰的侵略，这真的让荷兰的船几乎无法前往广州，或从广州回来。荷兰的损失，成为美国的收获。

到现在我已经描述了广州迎接外国船只的方式，但是范岱克在他最近为此梳理的不下七个东印度公司档案的研究中，提出了一个有趣的论点，讨论了港口当地的华商网络。不同于早先广州贸易研究者给我们的印象，范岱克仔细组合还原的资料告诉我们，广州自己也是个重要的船运基地。以广州为家的30艘平底帆船，其吨位合计起来相当于所有在那里的英国船只。此外，很多平底帆船从其他地方来到这里，例如来自暹罗的稻米船。热带产品如稻米、木材、盐、椰子油、兽皮、糖、铜、铅、靛青染料、棉、紫梗原虫胶、兽角与象牙，经由这些平底帆船从南洋被运送到广州，并大多进入中国市场。然而范岱克指出，有些产品，锡、铅、藤、亚力酒及西谷米，也会用于外国船只的打包及装载作业而被带来广州。这样的说法会把我们带回前面章节提到过的主题：令人遗憾地低估了中国船只带来的南海贸易。①

清廷的控制力日渐减弱（1727—1840）

1727年，荷兰联合东印度公司的董事会决定重建与中国的运输联结，并且遣送自己的船只到广州。同年，康熙的继任者雍正皇帝解除了所有中国海外运输的海禁，尽管他对在海外逗留一或两年以上的移居仍然持保留态度。雍正皇帝仍然相信"防微杜渐"的律条，他说：

> 我们相信绝大多数逗留海外的人民都是反抗者。如果任他们来去自如，不记录他们在海外停留的时间，那么他们将会更加地肆无忌惮，离开他们的家乡，此类无根之民将会越来越多。自此以后，将确立停留海外的时间限制，

---

① Van Dyke, *The Canton Trade*, pp.146—147.

如果他们未在限期前赶回，那么这些选择迟滞不归的人民将得不到朕的怜悯。这就是我们的定见——我们不允许这些人再回到自己的祖国。①

而关于拥有船只、限制与禁止出口货物的新规定也在此时出现。其中一个新的组织制度是经（政府）批准的"海洋公司"——洋行——被引入。洋行被发予从事与外国贸易的执照，反之，沿海贸易的利权仍被保留给"商行"。洋行为保商所监督，保商必须负责所有从厦门航向南洋的远洋航行船只，他的责任包括管理贸易行为与引领全体船员。任何一个想前往海外的人必须得到男性亲属的保证，保证能于期限内赶回，该人方可出海。

如我先前所提及，尾随着巴达维亚屠杀华侨而来的一系列清廷廷议，其中心思维是关注中国与东南亚的关系：无论是允许还是禁止私人交通。在这些贸易体系的捍卫者中，曾任两广总督的蔡新，在这个议题上，无疑是最敢言的一位。根据这位高官的说法，另外搞个海外贸易禁令是不可行的。一百多艘船只正从南方沿海各省不断地航向东南亚的水域。正如田汝康引蔡新所说："闽粤洋船不下百十号，每船大者造作近万金，小者亦四五千金，一旦禁止，则船皆无用，已弃民间五六十万之业矣。"换言之，如果海外贸易被限制了，那么"一旦禁止，则以商无费，以农无产，势必流离失所，又弃民间千百家生民之食也"。②

---

① Robert L. Irick, *Ch'ing Policy toward the Coolie Trade 1847—1878*, Taipei: CMC Publishing, 1982. p. 13.

② 田汝康：《中国帆船贸易与对外关系史论集》，杭州：浙江人民出版社，1987年，第16页。

这样的发展突显了中国的沿海经济对海外贸易的极度依赖。这种人来人往、熙熙攘攘的状态不会再停止，即使中央政府已然见到极大的安全隐患。商人如果在外滞留三四年以上，曾被禁止回到故土。但到了1754年，（乾隆）皇帝慈悲地同意了来自福建巡抚陈弘谋的请愿。陈弘谋奏道："由于本省近一半的人口以海洋贸易为业。那些未及贩卖他们携去的日用商品或未及还清借款，因而必须在海外停留更长时日的人民，应该被悦纳回乡。"① 关于海外居住时间的严格规章放宽了，而人们也得以沿着帆船贸易的航线，几近自由地迁徙。

在另一个企图压抑海外"中国城"雨后春笋般成长的行动中，中国女性移民仍旧被约束。然而，客家女性并未缠足，经常能在海关官员匆匆的检查中被忽略而放行。从此以往，移民与旅居者成为中国南方最重要的"出口产品"。Carl Trocki 已经指出这导致了离岸生产体系的诞生，包括海外移居者的金融与交通运输系统，以及由此而来的贸易管理——管理那些由东南亚的中国移民生产并消费的物品的贸易。②

---

① Blussé, *Strange Company*, pp.134—135.

② Carl Trocki, "Chinese Pioneering in Eighteenth-Century Southeast Asia," in Anthony Reid (ed.), *The Last Stand of Asian Autonomies*, New York: Macmillan, 1997, p.87.

广州的欧洲人据点，作于1808年。

"灰狗"号驶往广州，作于1827年。

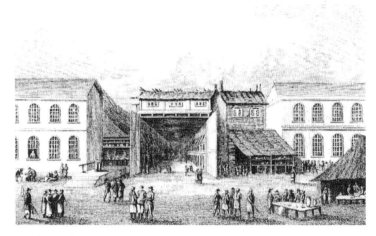

广州的中国人的街道。

广州的商人称茶，作于1780年。

西方的茶叶商人，作于1780年。

广州的公行，作于1830年。

抛弃巴达维亚

1752年11月，在总督乔布·马索（Jacob Mossel）寄给十七人董事会的"关于公司自身状况的考虑"中，他对荷兰联合东印度公司在亚洲贸易的市场衰退表示忧心。[①] 他相信在广州建立公司有助于矫正这种不成功的情况，因为茶的贸易可以带来巨额利润。他承认许多欧洲国家也派船到广州，但是，他认为，只要荷兰东印度公司能延伸自己本地的网络来募集印度尼西亚群岛丰富的热带物产，那么就有巨大的优势，以击败其他的欧洲竞争对手。巴达维亚可以运送特产，例如锡、胡椒、棉纱、蜡、香料以及其他的物资到广州，而欧洲的竞争者还只能以贵金属来支付对华的茶叶贸易。

1754年3月，十七人董事会宣布全面改组荷兰联合东印度公司的茶叶贸易。他们提出，大多数被总督和议会所提议售往中国的热带产品，也可在欧洲贩卖，而且或许可以卖到更好的价钱。雪上加霜的是，这些董事曾经嘲笑荷兰联合东印度公司的欧洲对手们，这些对手直接由欧洲直达广州，而缺乏像巴达维亚这样的中继站以稍事休息。但事实上，这些竞争者满载着收获的新茶，以更快的速度运到欧洲，其结果必然导致他们可以在市场上出售更新鲜的茶叶，并获取更高额的利润。董事会决定从那时起，绕开巴达维亚，并借由建立专门的委员会——中国委员会——全权掌控贸易范围，从那时起，该委员会被授权经营尼德兰和广州之间直达的贸易纽带。如此这般，巴达维

[①]　National Archives, The Hague, VOC 172, 28 November 1752. Liu Yong, *The Dutch East India Company's Tea Trade with China, 1757—1781*, TANAP Monographs on the History of Asian-European Interaction 6, Leiden: Brill, 2007, pp.17—41.

亚的高层实际上失去了控制荷兰联合东印度公司对中国贸易的权力。① 这些改革直接封杀了巴达维亚的命运，它已不再是帆船贸易在茶方面的终点站。

在18世纪下半叶，巴达维亚的地位更是被其他挑战者破坏。英国的港脚贸易商进入中国南海的海域，贩卖鸦片、武器以及印度土布。他们尽其所能地换来中国南海当地的土产，再把这些产品带到广州市场里出售。为了规避荷兰联合东印度公司关税系统的制衡，他们忙于在固有的交易网络中自由贸易——例如来自苏禄群岛（Sulu Archipelago）、散布于四方的白沙浮人，以及托索人（Taosug）的交易网络。② 荷兰联合东印度公司贸易网络的核心居于北爪哇岛的海岸城镇之中，完好无缺地保留着。但周围的贸易商却开始转向港脚贸易商与华商网络间的汇聚点。

一度繁荣的中国贸易，曾是巴达维亚经济唯一的支柱，而18世纪50年代后，也迅速地衰退了。在18世纪70年代结束以前，巴达维亚当局极其忧虑帆船贸易的前景。"在过去，是相当可观的（在规模上），但现在却急速地衰落，对本地居民造成了损失"，总督与议会甚至尝试写信给厦门的洋行，恳请他们派遣船只直达巴达维亚。但他们得到的答案却再清楚不过。中国运输协会清楚地表示，他们无法离开马来半岛的柔佛州

---

① See J. de Hullu, "De instelling van de commissie voor den handel der Oost-In-dische Compagnie op China in 1756," *Bijdragen tot de Taal-, Land-, en Volkenkunde van Nederlandsch-Indië*, KITLV, 1923, pp. 529—533, and Liu, *The Dutch East India Company's Tea Trade with China.*

② James Francis Warren, *The global economy and the Sulu zone: connections, commodities, and culture*, Quezon City, Philippines: New Day Publishers 2000. James Francis Warren, *Iranun and Balaningi Globalization, Maritime Raiding and the Birth of Ethnicity*, Singapore: Singapore University Press 2002.

（Johor），"否则他们将因很简单的理由放弃他们的运输公司：他们不知道能否找到其他地方提供他们所需的木料来维修他们的帆船，以及他们的舵和桅杆的结构"。这当然只说了故事的一部分，更重要的是，航运到柔佛或是其他邻近马六甲海峡的港口，已根本地改变了中国贸易在南洋的浪潮，并且直接忽略了巴达维亚。①

因为许多中国的商品已经改从马六甲海峡周围的各个运输点分配到整个群岛上，甚至能远达爪哇岛的东岸，荷兰联合东印度公司的关税系统已经被完全地侵蚀殆尽。从巴达维亚丧失了身为中国与马来半岛帆船贸易的终点站的地位开始，巴达维亚城镇里的中国人开始另觅生路，许多人由沿岸往内陆迁徙。这个风潮被公司参赞官伊萨克·德胜注意到。依据他的记载，帆船贸易几乎完全消失，不仅影响了城里所有的生意，同时，也迫使巴达维亚的那些依靠中国贸易为生的中国人结束生意，并且搬离城镇到乡村中开始新生活。②

对于这样的改变，人们似乎无能为力。正如总督雷纳·德·克拉克（Reinier de Klerck）早在1778年所说的——只有在公司统治如"君王与主人"般稳固的那些土地上，公司才能制止闯入者。而到群岛的别处，在这些需要中国帆船的口岸，例如丁加奴（Trengganu，译者按：今名登嘉楼）、北大年府（Pattani）、宋卡府（Sangora）甚至柔佛，公司都无法干预。在18世纪90年代以前，东南亚贸易的走廊便开始分支，从马六甲海峡到爪哇岛东边水域，造就了许多较小的、控

---

① "Voorschriften op de vaart en handel der Chinese jonken," in J. A. van der Chijs, *Nederlandsch-Indisch Plakaatboek 1602—1811*, Batavia: Landsdrukkerij, 1885—1900, vol. 10, p.227, 9 April 1778.

② 同前注，vol.11, p.618, "Adres Isaac Titsingh van 24 September 1793."

制较不严密的港口。那里汇聚了来自印度的港脚贸易商、华商，来自苏禄群岛的马来人（Malays）、白沙浮人、依拉侬人（Iranun）——他们之中有贸易商、走私客以及海盗——以印度土布、鸦片和武器交换本地的矿产或商业耕种的作物，例如黄金、锡、棕榈膏子、胡椒，或是收集海产，像海参、鱼翅，还有各种热带森林产物，如燕窝、蜜蜡、樟脑、艳丽的羽毛、藤，这些都在中国市场占有一席之地。

美国佬来到东方

美国革命运动（American Revolution）期间，美国人（the Yankees）发现他们最爱的贸易区——西印度群岛——竟被英国人隔离。因此他们意图寻找新的目标，东印度群岛的贸易显然是个极具吸引力的选择。1784年2月22日，这天是乔治·华盛顿（George Washington）52岁的生日，三个月后，最后一批英国舰队驶离了纽约，"中国皇后"号（Empress of China）也从同一个港口起锚，开往中国。来自费城的知名企业家与革命的赞助者罗伯特·莫里斯（Robert Morris）倡议大家为了"鼓励其他人投入追求商业的冒险"装备这艘船。莫里斯选定了知名的战争英雄萧善明作为远征队的领袖，几年后，萧善明成为首位驻广州的美国领事，一个新的美国贸易目标诞生了。同年，14艘以上的美国船只，由纽约、波士顿、费城和塞勒姆出发，航向印度洋以及一些港口，如毛里求斯（Mauritius）、巴达维亚、加尔各答（Calcutta）、孟买（Bombay），也前往美国西北海岸。这些美国船只会航向毛里求斯，转卖他们的货物并且装运到广州的货物，或是从孟买和加尔各答买来的棉，或是从苏门答腊买来的胡椒，从巴达维亚买来的咖啡和糖，并且从一些东南亚较小的贸易中心寻求一些典型的中国市场所爱的稀罕货，如海参和檀木。其他船只则会在合恩角（Cape Horn）附近狩猎海豹。

1498年，瓦斯科·达·伽马（Vasco da Gama）遇见了对他的造访颇感意外的卡利卡特（Calicut）商人。当他们问起达·伽马来这里寻找什么时，他的答案是："基督徒、黄金与香料。"而萧善明写下他首次遇到一个中国商人的情景：

> 中国人问道："你不是英国人？"
>
> 萧善明回答："不是。"
>
> 中国人说道："但你说英语，而且当你刚过来时，我分辨不出任何不同。但我现在理解得再清楚不过了。当我对英国人出价，他们总说：'我不卖了，把你那点我看不上眼的小钱拿走！'
>
> "我对英国人说：'不，我的朋友，我已经给你很多钱了。'
>
> "那个英国人看着我说：'去死吧，你这该诅咒的流氓，什么！你到这儿来，给我的东西定价！'"
>
> 中国人继续说道："真的，大班先生（译者按：Massa Typan，洋泾浜），我非常清楚你不是英国人，所有的中国人都非常爱你的国家。"
>
> 到现在为止（萧善明继续说）这个兄弟的评论逗乐我了，公义使我把他的结论也加在这个地方："所有起初来到

中国的人都非常绅士，就像你一样。我想等到你来广州两三次以上，你就也会变得和所有的英国人一样。"①

这个观察堪称真实——在英国衰落以后，美国继起成为中国沿岸最大的鸦片贸易商。

18世纪80年代至90年代，美国贸易的传奇故事主要发生在与中国贸易的过程中。但这并非完全反映了美国商业在所有季风亚洲和太平洋地区的大规模扩张。② 写作于1893年的《粤海关志》如此描述美国的贸易："其后来舶甚多，几与英吉利相垺，其舶较他国差小，随时可至，非如他国必八九月始能抵口也"。③ 当《粤海关志》的作者梁廷枏提到美国人全年地出现时，他可能没有了解美国人是由四面八方而来的，包括从美洲西岸，不像欧洲人那样依赖季风航行。

当时完整的商业活动，仍然有待历史学家从被贸易商造访的众多港口的各种档案中拼凑出来。④ 在此我应该根据由Lotourette、Downs、Goldstein和Dulles在中国贸易方面的研究，做些简要的评论。最初由费城出发的船只拥有最大的吨

① Dulles, *The Old China Trade*, p. 11.

② Downs, *The Golden Ghetto. Jonathan Goldstein, Philadelphia and the China Trade 1682—1846: Commercial, Cultural and Attitudinal Effects*, University Park: Pennsylvania State University Press, 1978. Kenneth Scott Latourette, *The History of Early Relations between the United States and China, 1784—1844*, New Haven: Yale University Press, 1917.

③ Fu, *A Documentary Chronicle of Sino-Western Relations (1644—1820)*, Tucson: University of Arizona Press, 1966. p.303. 转引自[清]梁廷枏：《粤海关志》，卷24，第18页。收入沈云龙主编：《近代中国史料丛刊续编》，第19辑，台北：文海出版社，第1752页。

④ 很高兴已经有学者在这方面从事严谨的研究工作，参见：James Fichter, "American East Indies, 1773—1815." PhD diss, Harvard University, 2006.

位，但很快，从纽约出发的船只夺取了领先地位，波士顿主要是与美国西北岸发展贸易，普洛威顿斯（Providence）的商人也开始以极大的资本展开他们的东方贸易。但最被熟记的，还是许多由马萨诸塞州的塞勒姆出发前往亚洲的船只。

1789年，15艘在广州的美国商船有5艘是由塞勒姆发出。但在1790年之后，这个比例严重下滑。实际上，87艘船中仅有17艘由乔瑟夫·毕巴帝（Joseph Peabody）派遣到东方的船只抵达中国，其余的船只则航向其他目标如毛里求斯、印度与苏门答腊。在1790年以前中国贸易占了美国进口商品数的近七分之一。此外，早年中国贸易的特色，是船只的记录和有形的物品会被带回家并小心收藏。位于马萨诸塞州塞勒姆的毕巴帝艾萨克博物馆（Peabody Essex Museum）能看见许多这样的藏品。该博物馆现在亦举行由前米尔顿的富比士船长中国博物馆（Captain Forbes China Museum of Milton）提供的珍藏品特展。从威廉·宾特利（William Bentley）的日记来看——我们知道这个在1800年左右的塞勒姆居民，一年中会有一次穿扮着中国与日本的装束，并且走在长长的嘉年华游行队伍中，穿过他们小小城镇的街道。[1] 在费城最近举办的本杰明·富兰克林（Benjamin Franklin）的博览会上，据说在富兰克林时期，超过五分之一的家庭用中国的器皿饮食。[2] 想要知道那个年代航行到东方的状况的人，都应该读一读美国经

---

[1]　William Bentley, *The Diary of William Bentley, D. D., Pastor of the East Church, Salem, Massachusetts, 1784-December 1819*, Salem, MA: Essex Institute, 1905; repr., Gloucester, MA: Peter Smith, 1962, 4 vols.

[2]　*Benjamin Franklin: In Search of a Better World*, December 2005-April 2006, National Constitution Center, Philadelphia.

典作品*Delano's Voyages of Commerce and Discovery*。① Amasa Delano带着他到中国、太平洋诸岛、澳大利亚以及南美洲，从1789年起，直到1807年托马斯·杰佛逊（Thomas Jefferson）总统的禁运令使得美国海外贸易中断为止。②

"富兰克林"号。这艘1792年面世的船，在1799年获得了荷兰人的特许，由巴达维亚前往长崎。本图绘者不明，现存于麻省塞勒姆的毕巴帝博物馆（Peabody Essex Museum），编号M11925。

极有趣的是，费城的荷兰领事 Pieter van Berckel 见证了一切的新发展，并且警告海牙的荷兰国会，美国可能会变成荷兰

---

① Amasa Delano, *Delano's Voyages of Commerce and Discovery: Amasa Delano in China, the Pacific Islands, Australia, and South America, 1789—1807*, Stockbridge, MA: Berkshire House Publishers, 1994. (Original title: *A Narrative of Voyages and Travels in the Northern and Southern Hemispheres.*)

② Jeffrey A. Frankel, "The 1807—1809 Embargo against Great Britain," *Journal of Economic History*, 42, no. 2 (June 1982): 291—308.

联合东印度公司难以对付的敌手与挑战者，威胁该公司在东方的地位。或许可以说，他预料到了美国势力在亚洲巨大的增强，但他却不知道，十年后，事态发展为美国人帮助荷兰从巴达维亚、长崎和广州脱身。那时荷兰本国遭受了法国侵略，同时欧亚贸易也几乎完全中止。[①] 席卷欧洲的拿破仑战争意味着那些非英国盟国的巨大损失，但却提供给中立的美国政府一个绝佳的增加商机的机会。直到1807—1809年杰佛逊主政期间，自愿的禁运令开始，以及1812—1815年美国与英国再次兴起战争为止。随意看一眼巴达维亚港口登记簿，就说明了一切：1804年在巴达维亚停泊的90艘船只中，包括6艘丹麦的、2艘西班牙的、2艘葡萄牙的、2艘法国的、2艘瑞典的、2艘"摩尔式的"（Moorish）航海器，以及不少于74艘的美国航海船！

盛衰浮沉录

18世纪末期中国海外贸易状况的梗概，呈现出当中国帆船贸易达到以前所不被了解的规模并且提供了一个中国海外开拓者的延伸网络系统时，作为曾是中国海外贸易终点站的巴达维亚和长崎，却在华商网络系统中逐渐下滑为次要的港口。在长崎，这种结果源于德川幕府自给自足的谨慎政策，这个政策试图将日本从中国的世界经济结构中独立出来；另一方面，巴达维亚政府则是因在面对区域性与全球性的发展时，无法做出适

---

① J. de Hullu, "On the Rise of the Indies Trade of the United States of America as Competitor of the East India Company in the Period 1786—1790," in M. A. P. Meilink-Roelofsz (ed.), *Dutch Authors on Asian History*, Dordrecht: KITLV, 1988, p.144.

当的响应。荷兰茶叶贸易的重组以及荷兰共和国和广州之间直接贸易线路的开通，实际上忽视了巴达维亚的帆船贸易——这个城市最重要的财源。英语系国家进入印度尼西亚群岛和中国海域彻底地改写了游戏规则，或者更准确地说，借由与白沙浮人与依拉依人的互动，这些闯入者废止了一切现行的规矩。

而广州的情形又是如此地不同！18世纪90年代以前，这个港口的贸易从未如此繁盛过。这段时期广州无法抑制的贸易增长，象征着乾隆皇帝最后的功绩，在他一生的时间里，他庞大的西征战役得到几乎两倍于帝国的土地，但他并没有时间自满。即使在广州的中国行政部门曾非常成功地推动与外国人的贸易，并借由行商掌握这些外国贸易者，行商几乎要对所有事情负责，但是，沿着整个中国南方的海岸线，事情都失控了。在1790年到1810年间，绝大多数的时间，广东与广西饱受海盗与走私者的劫掠。① 这些更强调了我在第一章所提的要点。清廷视控制那些不服约束的臣民为首要之务，外国人会被广州系统的各种制衡机制关切；汉奸则是一个完全不同的问题。

巴达维亚、长崎与广州的商业中心是为了更好地控制那些涌入和涌出东亚与东南亚贸易的浪潮而被制造的。18世纪末这三个港口都遭遇了一些来自内部与外部的挑战，并威胁到它们的现况。当然，一定会有些彻底迷乱的发展。巴达维亚由于在全球贸易中改变的命运而崩溃；长崎的贸易由于国家政策

---

① 此处没有篇幅深入讨论这个重要的主题，关于广东沿海突生的海盗行为已有论著可供参考：Dian Murray, *Pirates of the South China Coast, 1790—1810*, Stanford: Stanford University Press 1987, and Robert J. Antony, *Like Froth Floating on the Sea: The World of Pirates and Seafarers in Late Imperial South China*, Berkeley, CA: Institute of East Asian Studies, 2003. 不过奇怪的是，这些论著并没有探讨鸦片走私者参与这场海盗风潮的可能性。

而萎缩；广州则经历了昙花一现的盛况，这应该归因于茶的贸易——这项独特的出口物品只有中国能够供给世界。征服孟加拉国（Bengal）给予英国东印度公司以机会，通过当地的征税系统，在广阔的土地上搜刮财物。即使这么做，必须要供养庞大的军队。在这个世纪末，这支庞大的队伍将近10万人。由于好斗的英国军队发起的战役，莫卧儿帝国的罂粟花农场沦于有主权的新统治者膝下。这个新主子没有错过发展罂粟农场的任何机会，并且出口他们有害的产品，以前所未有的数量销往东南亚与中国，最终使得整个社会失衡。如此激烈的发展导致印度巨大私人财富的累积，并且广为人知的——一连串关于贪污腐败的指控几乎动摇了在伦敦的国本。[①]

对英国来说，很讽刺的是，这个一直自豪的国家首次暴露他们美洲奴隶贸易的毒瘤（在其中他们显然是最主要的参与者）。从他们失去了美国殖民地后，所谓的印度第二帝国开始成形，他们忙于以另一种主要计划奴役亚洲：鸦片瘾。关于这一切如何在广州的英国人之间（例如国家贸易舰队中难以驾驭的舰长以及东印度公司驻广州的货物管理员之间）造成紧张的故事，Liu、Pitchard及Morse已经详尽地说明过了。[②]

法国大革命以及拿破仑战争，在贸易方面带来了全球性的影响。荷兰相当清楚这场巨大动乱导因于革命，但这却超出了清政府与德川政府的理解范围，即使他们都获悉了拿破仑的兴起。在巴达维亚的荷兰人是唯一看见什么即将到来，并且试着越过摇摇欲坠的贸易公司，抵达他们被占领的遥远祖国。

[①] Nicholas B. Dirks, *The Scandal of Empire: India and the Creation of Imperial Britain*, Cambridge, MA: Belknap Press of Harvard University Press, 2006.

[②] 关于英国私商 John McClary 的反抗行动，见 Liu, *The Dutch East India Company's Tea Trade with China*, pp. 111—117.

第三章

联系分离之地

人算什么，你竟顾念他；世人算什么，你竟眷顾他。

——诗篇8:4

到目前为止，我们已经了解中国及日本的政府对臣民的海外贸易探险一直采取猜疑的态度。这种态度决定并塑造了欧洲贸易者们进入中国海的方式，最后造就了广州和长崎这两个商业中心的不同特性。我们也回顾了巴达维亚、广州、长崎三地各种针对海外贸易所施行的管理机制，并考察了在18世纪末，全球贸易的转变是如何影响了这些机制。

而在这一章里，我们将会看到人的能动性，布罗代尔称之为"个体的时间"（le temps individual），也就是人们体验到的、"个体"时间的急促律动。唯有聆听居住或工作于这三个亚洲港口的人们的声音，我们才能对这三个城市有所感受。这些中国人、日本人及荷兰人，是如何见证他们居住于这些城市的时光？在有限的人生经验里，他们又如何反映出这些他们工作、生活于其中的港口面貌？时间与空间的限制迫使我做出一些个人的、极为主观的选择，在某些程度上，这些个案可视为对当下一些流行的研究观点所做的评论或反驳。

我在第一章开头提及了托马斯·莫尔，这是因为正是在他那个时代，欧洲的思想家开始思索其他文化——也就是非基督教文化——的不足之处，或是它们能带给欧洲人的帮助。中世纪持续不断的、对"人间天堂"的追求结束了。① "这样一个地方可能真的存在"的说法，被替换为哲学化的理想世界，并伴随着对自己及他人善恶的批判性观察。这些批判性的观照常常以赞颂体表达出来，像是伊拉斯谟题献给托马斯·莫尔的《愚人颂》（*Laus Stultitiae*），或是蒙田（Montaigne）脍炙人口的《食人族》（*Ies Cannibales*）论文。

我刚好就是伊拉斯谟的同乡，虽然现在这个城市和他当时那个位于马斯河（Maas）的港口城市没有多少相似之处，尤其是在二战之后。二战刚结束时，我出生在被炮火重创的鹿特丹。鹿特丹的整个历史中心——那个在城墙内侧的三角形区域，已经在1940年5月被德国的轰炸机彻底抹除。值得注意的是，伊拉斯谟的雕像——亦即尼德兰最古老的公共雕像，经历了那场大火却毫发无伤，就像是这位挨过了16世纪恐怖宗教战争的和平推动者留给我们的人道主义信息，用他谑讽的格言表现出来："战争是甜美的——对那些未曾经历的人而言（Dulce bellum inexpertis）"。② 清除战火后的瓦砾费时数年，在我的老

---

① E. H. P. Baudet, *Paradise on Earth: Some Thoughts on European Images of Non-European* Man, Westport, CT: Greenwood Press, 1976.

② Peter Heath, "War and Peace in the Works of Erasmus: A Medieval Perspective," in Andrew Ayton and J. L. Price (eds.) *The Medieval Military Revolution: State, Society and Military Change in Medieval and Early Modern Europe*, London: I. B. Taurus Publishers, p. 121.

家 Kralingen 湖附近，一部分砖瓦被倒入湖中成为人工岛。50年后的今天，这个由废砖堆起的小岛已经被草坪、灌木丛和树木覆盖，颇具田园风情，看起来如同大自然的神圣赠礼。我的整个青年时代被打桩机和蒸汽引擎的嘶嘶声湮没，伴随着这些声音，松软的地表下埋进了管线，而在地面上，鹿特丹的新建筑物耸立起来。

长崎的市民在1945年毫无预警地被百倍于鹿特丹的破坏力轰炸，他们不像鹿特丹市民那么幸运地躲过了德国的锋刃。数字会说话：在长崎，七万人死于核弹直接轰炸，另有七万五千人死于原爆的后遗症；在鹿特丹，死于德国汉克尔轰炸机燃烧弹攻击的，不到九百人。这两个城市的战争策略，是比其他地方施以更多的轰炸威胁从而结束战争，结果荷兰被德国占领并迫害了五年；日本则被美国占领，但也因此终结了原本压迫人的军国主义体制。

如今，以水手的守护者闻名的圣劳伦斯教堂得以仔细地重建，在它前面，是伊拉斯谟的雕像，查德金充满戏剧张力的雕刻作品《无心之城》俯瞰着水面，提醒着我们鹿特丹的过去。20世纪50年代及60年代，我所成长的鹿特丹，是一个超越纽约、成为世界最主要港口的活跃城市。马斯河满是驳船、拖船、渡船、沿岸贸易船、货轮与长途汽船，更不用说市中心码头上往返于美国与荷兰的堂皇客轮。在洲际航空交通网及货柜运输系统出现后，这一切都消失了；但这对一个喜爱冒险、梦想着航向水平线那一头的男孩来说，是永生难忘的景象。在码头上，人们可以看见漫步的水手、为船只设立的杂货店、招待所、小酒馆以及位于马斯河南岸的红灯区——那恰好也是"花生中国佬"（Peanut Chinese 或 Pinda

Chinezen）的大聚落所在。

在20世纪50年代，港口城市仍然保有特色，因为船只往往会在码头驻留一周以上，它们富有戏剧化的生活及罗曼史，通常就在市中心或周围发生。如今，旅人们靠着飞机往返各地，港口则被没有个性的机场航厦取代。偶有造访港口的观光邮轮，与其说它们是航向大海的船只，不如说更像是迪士尼电影里会飘浮的烤面包机。这不是说港口已经不复存在，就像蛇蜕皮一样，港口离开了城市里的码头而移到了海边，或者像是欧洲港（Europort），也就是今日版本的鹿特丹，不折不扣地"移到了海里"。

更贴近地看看人们生活在港口城市里的经验，或许可以帮助我们解释城市如何响应周遭环境的持续改变。就像城市中心的废墟一样，鹿特丹无所不在的"花生中国佬"就是历史变迁的指标和提示。这些人在20世纪30年代的大萧条中丢了工作，于是在大街上卖花生、饼干以维持生计。他们多半在街上大喊着："花生花生好吃好吃！"（Pinda pinda lekka lekka!）如果说这里有什么关于"全球贸易影响个人生活"的证词，那似乎就是这些花生贩子的悲伤传说。① 但这并不是故事的结局，当20世纪50年代战后荷兰的经济开始起步时，这些花生中国人一个接着一个地从街上消失，开起属于自己的餐馆。20年之间，这些私营小店如雨后春笋般地增长，以至于到了今天，在尼德兰的中国餐馆数量之多，胜于任何一种其他餐馆。

---

① Frederik van Heek, *Chineesche Immigranten in Nederland*, Amsterdam: J. Emmering, 1936.

那些声音

倘若我们没有遇到那些在广州、长崎、巴达维亚留下生活记忆的人，我们便无法画出这几个地方的连环图像。显然，在港口城市的舞台上，不大可能给所有的演员同样的空间。我也必须承认我们面临着材料匮乏的问题。我们要"跳过"外来的、边缘的族群，诸如劫掠苏门答腊海岸和班加海峡的依拉依人，或是 18 世纪 90 年代袭击中国沿海水域的中国海盗。这主要是因为，事实上他们并没有到达巴达维亚港口或广州，尽管他们成功地搅乱了海域的交通秩序。① 但是听听华商讲述他们的故事不好吗？女性的话语呢？

在目前的文献中，男子偶尔会提到女性，但在东西方的相遇中，我们却难得听到女性为她们自己发声。当然，在巴达维亚有一个例外，尽管当时有日本的航海禁令，一个荷日混血的女性 Cornelia van Nijenrode 仍继续与她在日本的母亲联络。② 另外，那些疍家女子在想些什么呢？她们曾在广州为外国人摆渡，有时也在她们舢板船舱的防水布下面提供一些额外的服务；或者是那些河边的娼妓，根据 William Hichey 的说法，"若有人要求的话，她们会登上经过的船只，并且满足船上人

---

① 关于这伙海盗的盛败兴衰，请参见：Dian H. Murray, *Pirates of the South China Coast, 1790—1810*, Stanford: Stanford University Press, 1987; Robert Antony, *Like Froth Floating on the Sea: The World of Pirates and Seafarers in Late Imperial South China*, Berkeley, CA: Institute of East Asian Studies, 2003; and James Francis Warren, *Iranun and Balaningi: Globalization, Maritime Raiding and the Birth of Ethnicity*, Kent Ridge, Singapore: Singapore University Press, 2002.

② Leonard Blussé, *Bitter Bonds: A Colonial Divorce Drama of the Seventeenth Century*, Princeton, NJ: Markus Wiener Publishers, 2002.

们的肉体欲求。只有在这里，有着来自人类天性的机会"。①
或者是在澳门，那些愿意和外国丈夫共度余生的女人呢？例如
荷兰大班 Hammingson 的中国妻子。她跟着丈夫从巴达维亚
来到中国，在澳门为他掌理家务，并且还跟着他到了尼德兰，
与他一同定居于海牙。② 在出岛的荷兰人则没有这种机会。在
长崎著名的丸山区（Maruyama District），日本的游女被允许
前往出岛慰藉被关在岛上、孤独难耐的荷兰男性，如同川柳
所写的："丸山的爱情，连起一万三千里。"③ （丸山の恋は
一万三千里）

女性的声音

此外，在文献之中，我唯一遇到的女性声音，是海盗头
目郑一的寡妇，她自己后来也成为海盗头目，并且最终在1811
年，成为一种理性的声音，说服了自己的追随者集体归降广州
政府。在1830年问世的《靖海氛记》里，作者摘录了她在一开
始对她手下说的话："我们被带往海上，没有任何固定的栖
身之所。但愿我们能去广州，好通知那里的政府，说明退潮
的理由、澄清一切的疑惑，并商订好我们要在何时何地呈递降

---

① William Hickey, *Memoirs of William Hickey*, ed. Peter Quennell, London: Routledge and Keegan Paul, 1975, p. 123.

② M. A. P. Meilink-Roelofsz, "Ulrich Gualtherus Hemmingson, V.O. C. dienaar en verbindingsschakel tussen China en Nederland," *Nederlands Kunsthistorisch Jaarboek* 31 (1980): 469.

③ Frits Vos, "Forgotten Foibles: Love and the Dutch on Deshima," *in Asien, Tradition und Fortschritt; Festschrift für Horst Hammitzsch*, Wiesbaden: O. Harrassowitz, 1971, p. 622.

书。"她的话没有收到期望的效果时，她和其他一些女子采取了主动，到广州当面会见总督，迫使海盗们承认他们竟然让自己的妻子去处理投降事宜。①

另一个出现在我们耳际的女性声音就像孟克（Edvard Munch）所画的那幅《呐喊》一样令人瞩目：那是一名女奴在巴厘岛被中国商人买下并带到巴达维亚之后，无休止的尖叫与啜泣。在前往巴达维亚的海上旅途中，她持续的痛哭和尖叫惹恼了她的新主人，于是他把她丢下船。这只是对殖民生活的一瞥，但是这个女人的尖叫，却总是回荡在巴达维亚的中国公案簿里，扰动着每个读到她悲惨结局的人。巴达维亚的公案簿是记录了现代早期的中国城里详尽的日常生活的宝贵信息来源。②

中国人的声音

而男性华人也很少对于这些港口城市的中西现象发表个人意见。即使是那些以史诗般的企业活动交织成本章经纬的华商，我们也很少听见他们的声音。认为中国人只顾自己并对外国人及外国文化毫无好奇，是很荒谬的说法。大家都知道，雍正皇帝（1723—1735年在位）在他人生的某个时期，对欧洲的

---

① Yung Lun yuen, *History of the Pirates Who Infested the China Sea from 1807 to 1810*, translated from the Chinese original with notes and illustrations by Charles Fried, London: Neumann, 1831.

② *Gongan bu, Bacheng huaren Gongguan Dangan* [Minutes of the Board Meetings of the Chinese Council of Batavia], Xiamen: Xiamen University Press, 2002, vol.1, p. 1.

建筑、礼节与服饰表现出了可观的兴味。他曾在一幅画像中戴上了假发，并且穿上西方的衣服。由他的继任者乾隆兴建的圆明园，反映出了各种西式的建筑形式。毋庸置疑，其间在朝廷的耶稣会教士也出了一份力。

Laura Hostetler 曾经指出：在清帝国规模几乎为之前两倍的18世纪，宫廷里的满族人，对那些被他们征服的人展现了可观的"民族学式"（ethnographic）以及"制图学式"（cartographic）的兴趣。她也同时提到，关于中国境内的"非中国人"的知识，是当时人们探寻的对象。这些知识的探索，由清帝国官方的代表通过严格的经验研究法来实行。[①] 然而这些兴趣主要还是纯粹的描述，它们有着丰富的细节，但是没什么深度。即使是在那个时期的中国小说里，也很难找到中国与欧洲在广州互动的信息。

当时有海外旅行经验，并且留下他们在爪哇的历险记录的华人并不多，而王大海是其中之一。在 1783 — 1793 年之间，他在北加浪岸（Pekalongan）——爪哇北海岸的一个小型港口市镇——担任唐人头目子弟的教师。这位有学问的中国旅人对爪哇群岛当地的住民没什么耐心，并且尽可能不去写到他们。考虑到他实实在在地在爪哇住了十年，以下的描述诚然是荒谬的："至于四夷风俗，怪形异状，木处穴居，虬发纹身，露体血食，骇异不经，又何足齿哉。"[②]

王大海对巴达维亚和当地欧洲居民的说法表现出距离感，

---

① Laura Hostetler, *Qing Colonial Enterprise: Ethnography and Cartography in Early Modern China*, Chicago: University of Chicago Press, 2001, p.5.

② Ong-Dae-Hae, *The Chinaman Abroad: or a Desultory Account of the Malayan Archipelago, Particularly of Java*, trans. W. H. Medhurst, Shanghai, 1848, pp. 5—6.

以及带有儒家色彩的高傲态度。他喜欢镇上的建筑物，但是对荷兰人的奇异行为感到非常困惑："每七日一礼拜，于巳刻入礼拜寺，讲念经咒，其拱听者，皆低首垂泪，似能感发人心也者。喧半时许，各自散去，入园林优宴，尽一日之欢，不理事以供游玩。"①

王先生显然对这种蛮子的宗教感到不舒服。这种对"他者"或"外人"表达出的强烈感觉，展现了身处在18世纪殖民地爪哇的王大海身为"文人"的强烈认同感。于是，他写下了他在海外缺乏知己的寂寥心情："然无诸子百家以资博览，无知己良朋以抒情怀，无幽岩古刹以肆游玩，是为可惜耳。"②

大抵心安即是家。就我们这章的目的来看，加里曼丹（Kalimantan）的兰芳公司创始人罗芳伯的作品是很有趣的。在其中，罗芳伯吐露他旅居西婆罗洲（West Borneo）金矿区的心声，其中几行诗句清楚地点出了他"托身非其所"的感受：

> 若夫地当热带，
> 日气熏蒸。
> 草木曾无春夏……
> 至于名物称呼各异，
> 唐番应答攸殊。
> 噫嘻，

① Ong-Dae-Hae, *The Chinaman Abroad: or a Desultory Account of the Malayan Archipelago, Particularly of Java*, trans. W. H. Medhurst, Shanghai, 1848, p.6.

② Ong-Dae-Hae, *The Chinaman Abroad: or a Desultory Account of the Malayan Archipelago, Particularly of Java*, trans. W. H. Medhurst, Shanghai, 1848, pp.6—7；另见 Claudine Salmon, "Wang Dahai et sa vision des 'contrées insulaires,'" *Etudes Chinoises 8*, no.1—2(1994).

蛮烟瘴雨，

损体劳形……

如此好山如此水，

蹉跎岁月亦潸然。①

　　海外的华人是不是就那么简单地满怀乡愁？有一件事是确定的：我们发现，这些华人对西方的事情惊人地不感兴趣。人们有时候会看到一首关于西方器物的感怀诗，例如一柄生锈的剑、一艘有着蛛网般船帆的甲板船，或者是当代小说里关于西洋奇异淫具的新奇故事。一本 1804 年出版、关于广州对外贸易的小说，遗憾的是，没有一个字是在描写洋人，即使作者对西方古董有着极高的兴趣：他描写了从一个贪污的海关官员处收缴的 28 个时钟、182 件大小手表、镜子和玻璃器皿。此外还有斟酒用的自动装置、两张制作精妙的西洋床铺，用来夺取女性的处子之身。② 这听起来有点让人失望，不过确实就是这么一回事。

日本人的声音

　　相较于中国人对外国人那种兴趣寡然的态势，我们发现为数甚多的日本人在言谈之中，经常提及他们与荷兰人、西方器物和各种新发明的因缘。更重要的是，这些看法有助于我们揣度这

---

　　① Luo Fangbo, "Rhapsody on My Travels to Gold Mountain," excerpted from Yuan Bingling *Chinese Democracies*, pp. 302—303.

　　② Wilt Idema, "Vreemde bedden en een grabbelton," *Armada 19* (2000): 28, 29.

些作者如何响应西方的观念，并且追踪他们是如何翻译西方医学及科学的作品，以便自己的同胞能够获悉这些事物。从这些存留下来的中文及日文文献中，最清楚可见的是，当像王大海这种人把主要的兴趣投注在鄙夷野蛮人的风俗及举止时，一批经过挑选被称为"兰学者"（rangakusha）的日本学者及艺术家，如同 Donald Keene 说的，显露出"极端的好奇心，混杂着对域外事物的喜好"，以及不捐细流的精神，将日本大众领进了一个新的时代——也就是现代日本。① 我无法在此对18世纪晚期的这些日本学者做出评判，然而幸运的是，Timon Screech、Martha Chaiklin、Calvin French及许多学者已经出版了大量的著作，论述日本遭遇西方时所迸发的种种创新技术。②

这种宽广能容的情怀竟能出现在日本这样一个孤立的岛国，是令人感到惊奇的。尽管有海禁的存在，被吹离航道甚至遇到船难的日本水手，有时会被冲上异国的海岸。在少数的"遇难者安然返乡"的案例里，将军巨细靡遗地听取了他们的报告，然后通常会要求他们不能和别人说起在国外的见闻。或许最广为人知的游历，是大黑屋光太夫（Daikokuya Kodayu）的旅程。他是一位来自伊势的日本船长，在1783年经历了七个月的太平洋海上漂流后，被冲上了阿留申群岛。几年后，他和几个船员抵达了堪察加半岛，从那里，他们被带到了西伯利亚的伊尔库茨克。光太

---

① Donald Keene, *The Japanese Discovery of Europe, 1720—1830*, rev. ed., Stanford: Stanford University Press, 1969, p. 23.

② Martha Chaiklin, *Cultural Commerce and Dutch Commercial Culture: The Influence of European Material Culture on Japan, 1700—1850*, Studies in Overseas History 5, Leiden: CNWS Press, 2003；Timon Screech, *The Lens within the Heart: The Western Scientific Gaze and popular Imagery in Later Edo Japan*, Honolulu: University of Hawaii Press, 2002; Calvin L. French, *Shiba Kōkan: Pioneer of Western Art and Sciences in Japan*, New York, 1966.

夫在伊尔库茨克遇见了一位芬兰学者Erik Laxman，Erik Laxman
随后把他们带往圣彼得堡。在那里，凯瑟琳二世（Catherine the
Great）资助了他们，并且聆听他们的故事。①

　　1792年，光太夫和剩下的两名伙伴被 Erik Laxman 的儿
子护送回北海道（Hokkaido）的根室港（Nemuro），Erik
Laxman的儿子同时也帮俄国政府带来了一封书信，向日本请
求贸易特许。幕府让 Erik Laxman 带回去的回答，仅仅是"他
把消息送错了地址，关于贸易的请求必须在长崎处理，那里才
是通常办理和外国人有关事务的地方"——直到 1804 年，俄
国才派遣 Nikolai Resanov 伯爵出使长崎。在光太夫向将军政权
做了汇报以后，身为外科医师，也是兰学者的桂川甫周向这位
遇险者询问了更多他经历的细节。他的记录被出版成《北槎闻
略》（Hokusa bunryaku），其中摘录了一本荷兰书籍对俄国的
简短记述，这本书是桂川甫周从出岛的荷兰商馆大班 Gijsbert
Hemmij 处得来的。②

　　并非所有的日本人都认真看待光太夫的奇幻冒险。读者
之一的司马江汉（Shiba Kokan）——他是一位知名的日本画
师，是所谓"注重美食与生活享受"的那种人，同时也是一个
兰学者——非常严厉地批评这本书。江汉喜欢体验西方的美术
技法，他用荷兰的绘画教程自学透视图技法和明暗法，他为自
己绘制出日本首件铜版画而自豪，也曾为他西洋风格的画作

---

①　Keene, *Japanese Discovery*, p. 6.

②　Grant Kohn Goodman, *Japan and the Dutch, 1600—1853*, Richmond,
Surrey: Curzon Press, 2000, p.85. 译者按：日本文献往往将荷兰商馆的领袖称
为馆长，中国则以大班称之。由于本文在较为紧凑的篇幅内，屡屡交错使用中
国与日本的史料，为顾及读者阅读上的方便，本文皆以"商馆大班"称呼中日
两国的荷兰商馆领袖。

制造自己的油画颜料——就算他的油画经验不能与广州拥有高度技巧的中国画师媲美，那些画师很快地学会了如何仿效西洋技巧。但江汉确实在论文中清楚地传达了他对于西洋美术的看法：他认为较之于中国和日本使用毛笔作画，西洋绘画象征了观看自然更深层的方式。①

出于对荷兰人出岛寓所的好奇，江汉在1788年到长崎作了一趟长期旅行，在《江汉西游日记》里有所描述。② 旅途中他作了许多画，在平户，他描画了一个纪念当地孝道楷模的亭子，正是前文提到的那位女性 Cornelia van Nijenrode，虽然她是被荷兰商人与其日本妻子所遗弃的女儿，但她仍不断地从巴达维亚持续偷偷寄信给她的母亲。③ 在出岛，江汉速写了一位商馆大班的房间，这个主人很清楚他的房间在日本人眼中是充满异国情调的，并且看见他的日本访客正在观赏墙上的所有画作。于是大班问江汉是否喜欢这些作品，即使江汉感到这个有损颜面的问题让他觉得受到轻蔑，但仍回答这些作品的光彩令他目眩神迷。④ 出于对任何奇异事物的好奇心，江汉成为连接日本与西方间的理想纽带。

---

① Klaus Müller, "Shiba Kokan und sein Seiyo-gadan als Beispiel für die Entstehung kunstfremder Einflüsse in der westlichen Malerei der Edo-Zeit," in Lydia Brüll and Ulrich Kemper (eds.), *Asien, Tradition und Fortschritt: Festschrift für Horst Hammitzsch zu seinem 60. Geburtstag*, Wiesbaden: O. Harrassowitz, 1971, pp. 416—431.

② 见司马江汉：《江户长崎绘纪行：西游旅谭》，东京：国书刊行会，1992；以及司马江汉：《江汉西游日记》，芳贺彻、太田理惠子校注，东京：平凡社，1986。

③ 她就是那同一位和她第二任荷兰丈夫拉锯达17年之久的女士—— Joan Bitter, 见: *Bitter Bonds*; see n. 5.

④ Donald Keene, *Travelers of a Hundred Ages*, New York: H. Holt and Co. , 1989, p. 364.

1749年，商馆大班房间的内部。本图由司马江汉所绘，收录于他的
《长崎绘纪行：西游旅谭》一书。

　　现在让我们看一些西方访客对中国与日本的印象。我将
转向三个荷兰人身上。他们是范罢览（Andreas Everardus van
Braam Houckgeest）、伊萨克·德胜（Isaac Titsingh）以及
亨德里克·多福（Hendrik Doeff）。在我们所研究的这段时
间里，他们在东亚或东南亚生活与工作。他们的共通点是都
被同时代的人描述为阻碍19世纪早期进程的顽固老头，就连
有些受人尊敬的学者也持此意见，如 Donald Keene 所说"为
了想要得到利益而乐于屈从一些受人蔑视的行为（例如叩
头），他们其中大多数人对日本根本没有兴趣"。① 这种说
法反映了典型的同时代英国人的偏见，他们相信这个世界要等

---

　　① Keene, *Japanese Discovery*, pp. 9, 12.

待他们来启蒙，而且今日那些应景的东方通，以自身的社会背景与教育来衡量过去的西方人，而非真正地了解当时这些荷兰人的世界观、成长背景以及教育，甚至他们所居住与工作的环境。

范罢览、德胜以及多福这三位绅士不约而同地在我们所关心的时代散发光芒。他们的重要性与其说是基于那个年代他们所扮演的决定性角色（从国家主义的角度来说，多福在他的年代本来就是一个名人），还不如说是基于他们站在一个重要的时间点上——那正是所有事情处在洪流之中的时刻。他们目睹荷兰东印度公司最后的日子，也为这个他们生存的混乱年代留下了生动的描述。

最近，这三个人的事迹比过去稍微彰显了一些。几年以前，Frank Lequin 在荷兰出版了一本德胜的传记，而 Timon Screech 略嫌匆促地研究这本传记，并在 2006 年发表。① 对于范罢览和多福的研究的再度复兴，则要归功于他们的北美后裔。在 20 世纪 90 年代早期，来自宾夕法尼亚州新城（Newtown）的 Edward Barnsley 出版了关于他精敏的先人范罢览的详细传记。而多福的《日本回想录》（*Herinneringen van Japan*）也由 Annick Doeff 将荷兰原文译为英文出版。②

① Frank Lequin, *Isaac Titsingh (1745—1812), een passie voor Japan: Leven en werk van de grondlegger van de Europese Japanologie*, Alphen aan den Rijn: Canaletto/Repro-Holland, 2002. Timon Screech, *Secret Memoirs of the Shoguns: Isaac Titsingh and Japan, 1779—1822*. New York: Routledge, 2006.

② Edward Roberts Barnsley, *The First VBH, a biography about the remarkable life of an eighteenth century Dutch citizen and naturalized American named Andreas Everardus van Braam Houckgeest*, Beach Haven, NJ, 1989, 2 vols. Hendrik Doeff, *Herinneringen uit Japan*, Haarlem: F. Bohn, 1833; *Hendrik Doeff, Recollections of Japan*, trans. Annick M. Doeff, Victoria, BC: Trafford, 2003.

伊萨克·德胜

伊萨克·德胜（1745—1812）出生在一个著名的医生家庭，与联合东印度公司在阿姆斯特丹的管理部门一直有着比较密切的关系。与该公司一般雇员不同的是，他出色的学历。1764年，他参加阿姆斯特丹的医师同业公会，一年后，他在莱顿大学取得了法律学博士的学位。在他供职于荷兰联合东印度公司期间，他历任过巴达维亚、日本和印度的职位，并且曾率领过使节团朝觐乾隆皇帝。1779年到1784年间，德胜断断续续地在日本停留约44个月，并且深深着迷于日本事物，在与日本本土隔绝的出岛上，他试着尽可能地了解关于这个国家以及人民的知识。在艰难的处境下，他取得了一位长崎长官以及岛津氏的信任，岛津氏是萨摩藩的大名，后来成为将军的岳父。与之前的荷兰人不同的是，德胜与一些高官发展了个人友谊。

在退休后，德胜有意地投身于研究日本的事物，并且管理一所将日本原始材料翻译为英文和法文的出版机构。用他的话来说，他"盼望得到更多关于这个国家的知识，一个如此文明的、好奇的，却很少被欧洲正式评估其价值的国家"。① 他离开日本后，成为荷兰联合东印度公司在孟加拉国钦苏拉（Chinsura）总督，但他仍继续与他的日本朋友通信讨论日本史的问题，并且也得到他在出岛的后继者协助，这些通信促成了他的杰作。事实上，要保持这样持续的通信对德胜来说并不是一件简单的事情。某次，一艘联合东印度公司的船舰Belvliet号在缅甸附近沉没，带走了一批悉心复制与编

---

① Lequin, *Isaac Titsingh*, p.232.

辑完成的材料。① 在德胜与他一个很特别的后继者 Van Reede
的私人通信中，我们可以更近地洞悉他个人的面向以及他一
生难忘的爱情。例如他从前的日本女伴阿绘纪现已随侍在 Van
Reede 身边，Van Reede 写给德胜的信中说道："阿绘纪正和
我一起坐在沙发上，弹奏着三味线，这是她日常的消遣，也
是我工作时她打发时间的方式，现在我也渐渐习惯了，她的
音乐至少不会让我觉得心烦。"② 即使她已经得到了别人的
善待，德胜仍继续寄些小礼物给他这位前日本情妇，例如戒指
和印花布。

在1781年6月底，德胜的第二次日本之旅结束前夕。他已
经察觉到山雨欲来之势，1781年6月12日，巴达维亚的总督和议
会已经接获（非官方的）消息，显示英国已经在1780年12月向
荷兰共和国宣战。他们立即送信到公司在东方所有的办公室，
告知他们的代表人这场灾难，并且警告各地代表人抵抗英国任
何占领荷兰殖民地的企图。德胜随身带着这封信到日本，他意
识到，如果战争真的开打，巴达维亚的船只明年将不会再前往
日本。

当受到英荷战争影响的船只不再出现在出岛的下锚处时，
德胜选择对日本避谈真相，相反他利用这个机会表达他的感
受，向当局表达他与他的人民在出岛受到的无礼对待。他告诉
长崎的长官，商船之所以没有前来的原因可能是：巴达维亚
的总督已经疲于应付日本当局对待该公司职员的高压手段。显
然，德胜在闲暇时间阅读了出岛的商馆档案，并且找到了一封

---

① Isaac Titsingh, *The Private Correspondence of Isaac Titsingh*, ed. Frank
Lequin, Amsterdam: J. C. Gieben, 1990, vol. 1, pp. 159,166.

② 同前注，vol. 1, p.73.

写于1641年的信件。这是巴达维亚总督 Antonio van Diemen 写给出岛的大班 Johan van Elseracq 的信件，在这封信里他建议"我们（荷兰人）不是到日本去服侍她的，不是去服从于她谨慎的法律，而是要去获取贸易的利润"。[①] 这回，长崎的长官相当明显地关心这年没有出现的荷兰船只。他向德胜索要东印度贸易船（East Indiaman）造船方案，以便日本人自己也能建造出荷兰式的大型商船，这样就便于把铜从大阪运到长崎。德胜相信了长崎长官的话，但却提供了建造另一种荷兰近海驳船的信息，这种平底驳船并非出驶远洋的航舰，而是负责在荷兰沿海运送货物。[②]

五年后，德胜的后继者 Hendrik Romberg 看见这艘船只已经依据德胜以及一些中国造船工人提供的建议制造完成，他说：

> 通译官告诉我，这艘大型驳船是照着三年前寄来的驳船模型建造的。已经从大阪出发抵达了。粗看约是一般的荷兰式驳船两倍大，日本人称呼为 Sankoekmal ——意思是模仿自三个国家，亦即荷兰、中国与日本，但是它与荷兰或中国的船并不相似，只要瞥一眼这艘船，就知道这不可能载多少货物，不过我已经习惯于日本人容

① Deshima Diary, 18 September 1782, NFJ 192. Letter from Van Diemen to Van Elseracq, 2 August 1641, in VOC 865, National Archives, The Hague.

② Leonard Blussé, "Vessel of Communication: Some Remarks about the Restricted Transfer of Maritime Know-how and Shipbuilding Technology between the Netherlands and Japan during the VOC Period," *in Transactions of the Symposium, Culture and Technology of Sea and Ship: 400 Years of History and the Next Century*, Tokyo: Japan Institute of Navigation, 1998, pp 101—114. 另见: Screech, *Secret Memoirs*, pp. 46—51.

易夸张的事实。①

数个月后，Hendrik Romberg 得知"三国船"在前往松前（Matsumae）的航路上搁浅。这个出岛的荷兰长官得意扬扬地做结论道："这使他们知道不应该急着试图以自己的力量去仿效那些新奇玩意儿，因为他们不知道如何驾驭它们，就像船驶进海湾时我所观察到的一样。"日本首次尝试设计的混血航行器，最后在当时的海禁政策下以失败收场。②

多年以后，一位荷兰舰长在1859年造访南九州岛的港口，在那里，他惊讶地看见一艘非常古董的幽灵船。当他询问这艘混合了三种风格的漆面船身从何而来，人们告诉他这是近在1852年，在水户市（Mito）遵循着荷兰东印度贸易船的章程所造。而这仅是卡尔佩斯·培理（Commodore Perry）到达下田湾（Shimoda bay）前一年的事情。显然，建造一艘真正能航行的东印度贸易船的梦魇继续缠绕着日本造船工人，然而，到最后他们真的造了一艘船的时候，已经晚了一个世纪。③

让我们暂且向德胜告辞，但我们很快会再遇见他，在他任职于东印度公司期间的最后一次的任务中，作为朝觐乾隆皇帝的全权公使，他与我接下来所要讨论的这个人一起完成了一个更艰巨的任务。

---

① C. Viallé and L. Blussé, *The Deshima Dagregisters 1780—1790*, vol.9, Leiden, 1996. p.125. 巧合的是有两张这艘船的图片传世，由法国探险家 Jean François de La Pérous 所率领的远征队里有一名成员绘制了 Sankokumal 自水面上的素描。可参见: Screech, *Secret Memoirs*, pp.49—50.

② 同前注，25 January 1787.

③ W. J. C. Ridder Huyssen van Kattendyke, *Uittreksel uit het Dagboek, gedurende zijn verblif in Japan in 1857, 1858, en 1859*. The Hague, 1860, pp. 219—220.

范罢览

如果说伏尔泰笔下的赣第德（Candide）在现实中真有其人的话，那这个人就是范罢览（Andreas Everardus, van Braam Houckgeest，1739—1801）。尽管在他高潮迭起的一生中有着无数的起起落落，他始终看到"一切可能世界中最好的那一面"（le meilleur des choses dans ce meilleur des mondes）。人们很容易从这个夸大的圆滚滚角色善变的脾气上得到乐趣，如同他的美国孙子 Cincinnatus Roberts 后来的追忆，在他难得一见地大发一顿脾气后，你可以听到他弹着吉他轻轻地用假音唱着歌，可能是名为法多（fado）的一种葡萄牙民谣。[①] 范罢览是个有趣的人：他能操多种语言，公然资助美国革命以及尼德兰的爱国主义运动，他也是一本小手册的作者（还写过葡萄牙文语法书），又是个大众情人。他更是个货真价实的理想实践者，最后，他两次试图在美国建立新生活。这一切可以被他的座右铭一言以蔽："对那些重要的事情，光是拼命本身就已足够（Inmagnis Voluisse sat est）。"很凑巧地，这句话也被伊拉斯谟用在《愚人颂》里。

身为军校生，范罢览在荷兰海军接受了他人生早期的培育。因为独立并喜爱冒险的天性，19岁那年，他放弃了军职并登记参与了荷兰联合东印度公司第一次对广州的直航。1763年，他在第二次从中国返乡的旅程中，在好望角稍事停留，并与当地荷兰地方官（在13个子女中）的三女凯瑟琳（Catharina Cornelia Gertruida, Baroness Van Reede van

---

① Edward R. Barnsley, "History of China's Retreat," paper read before the Bucks County Historical Society in Doylestown, PA, 6 May 6 1933, p. 10.

Oudtshoorn）结婚。在广州又工作了一段时间之后，1773年，范罢览觉得自己积蓄了足够的财富，能够回国与家人同住。回到荷兰后，他很快对当地的政治产生了兴趣，并且开始推动由启蒙运动引发的民主爱国运动（Enlightenment-inspired Demo-graphic Patriot Movement）。当美国革命开始时，他以极高的热情密切关注，甚至为自己想要参加美国海军的堂表兄弟写推荐信给本杰明·富兰克林（Benjamin Franklin）。这个荷兰历史上非同一般的时刻，以及与美利坚合众国的关联，被两位伟大的美国历史学者妥帖地记录了下来：Simon Schama 的《爱国者与解放者》（*Patriots and Liberators*）以及 Barbara Tuchman 的《第一次敬礼》（*The First Salute*）。[1] 后一个书名指的是在1776年11月16日那天，加勒比海圣尤斯特歇斯岛的荷兰地方官开世界先例地向星条旗鸣炮致礼。圣尤斯特歇斯岛在革命的前期充当了美国人主要的供应站——选择中立的荷兰人，却有了这样的行为，这件事成为压垮英国人的最后一根稻草。英国人对荷兰共和国给予美国人的财务支持也心知肚明，1780年12月，英国对荷兰宣战。一个多月以后，英国海军上将乔治·罗德尼（George Brydges Rodney）重创了圣尤斯特歇斯，从那时起，这个曾被称为"黄金之岩"的地方一直无法恢复元气，直到20世纪最后十年被邮轮旅行重新带回到地图上为止。[2]

---

[1]　Simon Schama, *Patriots and Liberators: Revolution in the Netherlands, 1780—1813,* New York: Knopf, 1977；Barbara Wertheim Tuchman, *The First Salute,* New York: Knopf, 1988.

[2]　关于"圣尤斯特歇斯"号被劫的前因后果，详见：Ronald Hurst, *The Golden Rock: An episode of the American War of Independence,* Annapolis: Naval Institute Press, 1996.

在第四次英荷战争发生之际，贸易就彻底停顿了。既然爱国主义运动在荷兰没什么进展，范罢览一时冲动地把他的家当全卖了，并在1783年带着妻子和五名儿女到了美国，住在南卡罗来纳州的 Charleston，以商业和务农维生，1784年春天，他取得了美国公民权。然而，这个家庭的移民，后来却变成了个人的巨大不幸。范罢览一家在美国建立根基没多久，四名子女就死于当时流行的白喉。接着没过多久，范罢览一家的男主人被自己的新事业伙伴骗走了钱——或者，是他自己"始终透过迂回曲折的手腕和复杂的买卖"最终导致了投资失败。①

心碎的范罢览被迫和妻子回到尼德兰，把女儿留在美国。他们的女儿嫁给了一位美国绅士理查德上尉（Richard Brooke Roberts），也就是这一家族史的作者 Edward Barnsley 的祖先。回到荷兰后，范罢览得以再次登记成为在广州的洋行大班。于是我们发现，他在1790年7月又回到了中国，在那里又一次建立起个人的财富，并得力于美国航运的帮助。感谢 Edward Barnsley 的研究，它让我们知道，作为荷兰联合东印度公司职位外的副业，在1792年至1795年之间，范罢览买下或者装载了至少七艘美国船，以为私人贸易之用。② 甚至连 Amasa Delano 这位著名的美国冒险家，也涉入了范罢览的事业。不过因为在其中损失了一大笔钱，Amasa Delano 在自己的旅游记录中对这些事只字未提。③ 当时的贸易事务风险之高，我们可以从

---

① Barnsley, *The First VBH*, p. 65.

② 同前注，vol. 2, pp.128—131.

③ Amasa Delano, *Delano's Voyages of Commerce and Discovery: Amasa Delano in China, the Pacific Islands, Australia, and South America, 1789—1807*, Stockbridge, MA: Berkshire House Publishers, 1994.

Charles de Constant 这位原为法国人服务的瑞士商人处得知，他留下了对亲眼所见的广州贸易犀利的记录。① Jean Baptiste Piron 写信给回到日内瓦的 de Constant，说："范罢览是个可怕的贸易伙伴，这是他为奥斯坦德（在比利时）装载的第三艘船，一旦有美国人出现，他就会送第四艘装载着茶叶去纽约。他会买下货物并用令人难以想象的速度送出去。我怕他会为此招来麻烦；这些船的状况都很糟，并且会在糟糕的季节行经好望角。"②

身为广州的洋行大班，范罢览欣欣地记录了马戛尔尼（Macartney）使节团1793年出使乾隆朝廷的失败。在广州的欧洲商人都知道，不列颠人渴望巩固他们自己在珠江三角洲的立足点，而现在这个计划失败了（这样的企图未曾成功过，直到1842年英国人在《南京条约》下取得香港）。

范罢览采取了技高一筹的做法，他自己筹谋了一个计划，让他可以在中国旅游、看看这个国家，并且在旅游见闻之中写下记录，他的荷兰前辈在17世纪曾做过两次这样的事。这些旅程都造就了详尽的知名作品，并被翻译成各种语言。他写信给巴达维亚的总督，说广东的长官邀请所有的西方贸易国家派遣使节造访乾隆皇帝，庆贺其登基 60 周年。尽管其他国家没有对这个邀请采取行动，巴达维亚的总督决定让刚从钦苏拉回来的德胜作为代表，带领使节团前往清廷。1793年，马戛尔尼在前往中国的路上经过巴达维亚时，德胜曾经负责接待英国使节团。③

① Louis Dermigny, *Les mémoires de Charles de Constant sur le commerce à la Chine*. Paris: SEVPEN, 1964.

② Barnsley, *The First VBH*, p.131.

③ Lequin, *Isaac Titsingh*, p. 149. For Titsingh's travel account, see Frank

　　人们花了大量的笔墨来描绘马戛尔尼爵士出使乾隆宫廷的事情，马戛尔尼自己写，他的副手 Staunton 写，使节团的秘书 Barrow 写，连跟在马戛尔尼身边的男仆安得森（Aeneas Anderson）也写。Aeneas Anderson 是第一个写到外交上的失败的人，他借由以下的文字使这个事件成为不朽："我们像乞丐一样进入北京，像囚犯一样居住在那里，像流浪汉一样离去。"① 其后的贸易史学者，像 Morse、Pritchard、Greenberg以及 Dermigny，都提到了这次的出使。②

　　然而关于这个议题，最有名的作品来自法国的政治家Alain Peyrefitte，他在这个使节团的两百年纪念日的场合，为这个失败的尝试写了一本有趣的书。③ 之所以说有趣，是因为这本书

Lequin, *Isaac Titsingh in China(1794—1796)*, Alphen aan den Rijn: Canaletto/ Repro Holland. 2005.

　　① Aeneas Anderson, *A Narrative of the British Embassy to China in the Years 1792, 1793, and 1794*, New York, 1795, pp. 222—223. J. L. Cranmer-Byng, *An Embassy to China: Lord Macartney's Journal, 1793—1794*, London: Routledge, 2000; Sir George Staunton, *An Authentic Account of an Embassy from the King of Great Britain to the Emperor of China*, Philadelphia: Printed for Robert Campbell by John Bioren, 1799, 2 vols. Sir John Barrow, *Travels in china: containing descriptions, observations, and comparisons, made and collected in the course of a short residence at the imperial palace of Yuen-min-yuen, and on a subsequent journey through the country from Pekin to Canton*, Philadelphia, 1805.

　　② Hosea Ballou Morse, *The Chronicles of the East India Company trading to China 1635—1834*, Cambridge, MA, 1926, 5 vols. Louis Dermigny, *La Chine et L'occident: Le commerce à Canton au 18e siècle*, 1719—1833, Paris: SEVPEN, 1964, 3 vols. Michael Greenberg, *British Trade and the Opening of China 1800—1842*, Cambridge: Cambridge University Press, 1951; Earl Hampton Pritchard, *The Crucial Years of Early Anglo-Chinese Relations, 1750—1800*, Washington: Pullman, 1937.

　　③ Alain Peyrefitte, *The Immobile Empire*, trans. Jon Rothschild, New York: Knopf, 1992.

有很好的文笔和很扎实的研究，但同时也是因为这本书投射在 Alain Peyrefitte 自身的光环。那几年间 Alain Peyrefitte 关于中国的著作，往往有着预言式的标题，如"当中国觉醒"（Quand la Chine s'eveillera）、"文化差异"（Un choc de cultures）、"中国觉醒"（La Chine s'eveillera）。对这些作品的读者而言，很清楚，Alain Peyrefitte 的基本旨趣是一种简单的宣言。

　　然而 Alain Peyrefitte 所从事的，又是何等的学术尝试呢？他很聪明地集结了一个汉学家的团队翻译中文档案。就像他之前与之后的许多作者，他对叩头的礼节有挥之不去的烦恼，即使他已经假定马戛尔尼是在没有旁人的场合叩头的。① 在 Alain Peyrefitte 的书之后，在必然到来的马戛尔尼使节团两百周年纪念之际，伴随而来的是一大批批判性的著作。这些著作多到我在这里不能一一提及它们，因为这会让我们严重偏离目前的话题。② 我们可以说，有大量的注意力被集中在"礼仪的意义"以及跨文化理解这样流行的议题上。③ 有趣的是，在19世纪，

---

　　① Alain Peyrefitte and Pierre Henri Durand, *Un choc de cultures: La vision des Chinois, la vision des Anglais*, Paris: Fayard, 1991, 1998, 2 vols.

　　② 关于马戛尔尼使节团重要性的文章可以在以下的著作中找到：Robert A.Bickers（ed.），*Ritual and Diplomacy: The Macartney Mission to China, 1792—1794: Papers Presented at the 1992 Conference of the British Association for Chinese Studies Marking the Bicentenary of the Macartney Mission to China*, London: Well-sweep, 1993.

　　③ 关于这个问题的激烈争论可参见 James Hevia's *Cherishing Men from Afar: Qing Guest Ritual and the Macartney Embassy of 1793*, Durham: Duke University Press, 1995, gave rise. Joseph W. Esherick, "Cherishing Sources from Afar"；Hevia's response, "Postpolemical Historiography"；and Esherick's final comment, "Tradutore (sic!), Traditore," *Modern China 24*, no. 2（1998）：135—161, and no.3（1998）：319—327 and 328—332.

像叩头这样象征了满族人的傲慢态度，并引起如此的大惊小怪的事情，怎么会在今天仍然占据人们的心灵。

在谈到德胜和范罢览的使节团时，从那时候到现在，人们对于这次旅程中据称具有羞辱性质的方面，则谈得更加混乱。虽然对于他们的活动，也有 J. J. L. Duyvendak 在1938年写的老文章，这篇文章极具启发性。① 无疑，1794年冬天德胜和范罢览前往北京的仓促行程，对这些中年的使节来说是一项非常艰苦的尝试，而且完全不是他们想象中"出使中国"这档事该有的样子。德胜在他的记录里写道："这一切让人不快的消息将会在这一路上继续出现：寒冷造成的不便、严酷湿冷的季节给人造成的不适、紧急的粮食需求、旅途的劳顿，还有河水的结冰。"②

他们必须仓促地前进，因为乾隆皇帝在秋天听说了这批荷兰人的打算以后，对此展现了相当的热情。他向军机处发出一道批示说："这会是一个光辉的事件！"并且决定这些具有好意的人不应该把他们的首都之行延迟到来年春天，反倒应该即刻离开广州，好让他们可以按时抵达北京恭贺他："在'农历'十二月二十日，也就是我们封边的那天，早一两天到达。这样他们就可以跟蒙古的王公贵族以及来自域外诸国的大使享受宴席和表演。"皇帝注意到了荷兰的奏章是以东印度公司的主管呢嗲啵（Nederburgh）及其他官员之名，代表他们的国王呈上的。当一些内阁官员寻思这是否逾越了既成的规矩时，乾隆显得比他的大臣们更通达，喻旨

① J. J. L Duyvendak, "The Last Dutch Embassy to the Chinese Court," *T'oung Pao 34*, no.4 (1938): 1—137.

② 同前注, *p.20*; Lequin, *Isaac Titsingh in China*, p.81.

联合东印度公司难以对付的敌手与挑战者，威胁该公司在东方的地位。或许可以说，他预料到了美国势力在亚洲巨大的增强，但他却不知道，十年后，事态发展为美国人帮助荷兰从巴达维亚、长崎和广州脱身。那时荷兰本国遭受了法国侵略，同时欧亚贸易也几乎完全中止。[①] 席卷欧洲的拿破仑战争意味着那些非英国盟国的巨大损失，但却提供给中立的美国政府一个绝佳的增加商机的机会。直到1807—1809年杰佛逊主政期间，自愿的禁运令开始，以及1812—1815年美国与英国再次兴起战争为止。随意看一眼巴达维亚港口登记簿，就说明了一切：1804年在巴达维亚停泊的90艘船只中，包括6艘丹麦的、2艘西班牙的、2艘葡萄牙的、2艘法国的、2艘瑞典的、2艘"摩尔式的"（Moorish）航海器，以及不少于74艘的美国航海船！

盛衰浮沉录

18世纪末期中国海外贸易状况的梗概，呈现出当中国帆船贸易达到以前所不被了解的规模并且提供了一个中国海外开拓者的延伸网络系统时，作为曾是中国海外贸易终点站的巴达维亚和长崎，却在华商网络系统中逐渐下滑为次要的港口。在长崎，这种结果源于德川幕府自给自足的谨慎政策，这个政策试图将日本从中国的世界经济结构中独立出来；另一方面，巴达维亚政府则是因在面对区域性与全球性的发展时，无法做出适

---

① J. de Hullu, "On the Rise of the Indies Trade of the United States of America as Competitor of the East India Company in the Period 1786—1790, " in M. A. P. Meilink-Roelofsz (ed.), *Dutch Authors on Asian History*, Dordrecht: KITLV, 1988, p.144.

名作《中国总论》（*The Middle Kingdom*）的作者，在1848年抄袭了安得森的说法："他们像犯人一样被带到首都，在那里被当作乞丐对待，然后像走江湖的骗子一样被打发回广州，在他们皇帝觉得其礼仪还不够合度前，就不断地表演三跪九叩。范罢览在这段出使过程中，尽是在傲慢的政府前做出奴才般无回报的谄媚，而在欧洲人曾经记录下的这类事情之中，其受羞辱的程度无人能出范罢览之右"。①

Samuel Wells Williams 会不会因为范罢览是美国公民，所以才被这些礼仪惹怒到这种程度？

身为荷兰东印度公司派去向皇帝道贺的使节——而非来自国王或沙皇的大使——范罢览和德胜看不出在中国照着中国规矩行叩头礼有何不妥。他们的确向广东的总督重申："他们很愿意在举手投足上跟随所拜访国家的传统，尤其是在面对他们所要前往道贺的皇帝时。"② 对于已经两度造访江户面见将军，并在那里被要求做出一切仪式性叩头的德胜来说，这些烦恼根本就不算什么。

德胜和范罢览所生活的世界，和19世纪流行于西方的心态有着遥远的距离。我们来看看美国前总统约翰·昆西·亚当斯（John Quincy Adams）在19世纪40年代，向马萨诸塞州历史学社（Massachusetts Historical Society）宣读的一篇为当时英国介入广州局势辩护的文章。据他的说法，鸦片绝不像在波士顿港丢入水中的茶叶激起美洲革命一样，会在广东造成仇恨："导致战争的是叩头——这种傲慢且不值得支持的中国做派。由此

---

① Cited in Duyvendak, "The Last Dutch Embassy," p.3.

② Letter from Isaac Titsingh to S. B. Nederburgh at Batavia, 26 November 1794, in Titsingh, *Private Correspondence*, vol. 1, p. 302.

可以看出，中国是用主子和仆人关系中的羞辱及贬低维系与其他人类的商业关系，而非平等互惠的方式。"①

在取道回广东时，德胜和范罢览因为听到法国人入侵尼德兰而分道扬镳。德胜没有回家，而是带着他收藏的大量手稿和各种日式杂物，乘船到了英格兰，并在那里待到《亚眠和约》（*Treaty of Amiens*）签订、他能回到阿姆斯特丹看望家人为止。后来战事再起时，他决定待在欧陆，从那之后，他开始在阿姆斯特丹过夏天、在巴黎过冬天的生活。在巴黎他找到了东方学家当合作伙伴，后者能够妥善对待他的手稿，并在他死后将其中的一部分以*Mémoires et anecdotes sur la dynastie régnante des djogouns*为标题出版。②

范罢览接下来的冒险则更加多姿多彩。在广东，他为美国总统的妻子玛莎·华盛顿（Martha Washington）买了瓷器餐具，而且为他计划在美国盖的新房子买了一整套的家具。接着，他租了一艘船，启程前往费城。在前往费城的途中，他短暂停留于南非的开普敦殖民地（Cape Colony），从那里他带走了他分居妻子的19岁孤儿表妹，并承诺会负担她的教育——虽然是以一种在开普敦的家人们始料未及的、更亲密的方式。

抵达费城以后，范罢览在当地和著名的法国撤离者如Talleyrand 及 Moreau de Saint-Mery 建立了兄弟般的良好情谊。在 Moreau de Saint-Mery 的帮助下，他发表了自己在中

---

① 引自 Geoffrey C. Ward and Frederic Delano Grant, "A Fair, Honorable, and Legitimate Trade," *American Heritage* 37, no. 5 (1986): 58.

② Isaac Titsingh, *Mémoires et anecdotes sur la dynastie régnante des djogouns, souverains du Japon; avec la description des fêtes et ceremonies...*, 并由M. Abel Rémusat注解, Paris: A, Nepver, 1820.

国的经验，书名为《1794年与1795年荷兰东印度公司使节造访中国皇帝的两次旅行（两卷本）》（*Voyage de l'ambassade la Compagnie des Indes Orientales hollandaises, vers l'empereur de la Chine, dans les années 1794 & 1795 en deux tomes*）。为了这本巨作，他花了——也失去了一大笔钱。

在出版之后，一个古怪的命运降临在这部作品之上。在相关的评论与记述中，这个事件被错误地诠释了：在费城印出的前500本第一卷，被送到欧洲贩卖，但被法国私掠船给拦了下来。于是当费城的第二卷甚至还没问世以前，这本书的第一卷就被法国出版商拆成两卷印行，并宣称这是完整版。盗版的两卷本于1798年在法国出版，然后又被翻译成英文（同年）、德文（1798—1799）及荷兰文（1804—1806）版本，这些版本全都只是包含范罢览作品的第一卷，这个事实经常被忽略——这或许足以解释为何读者们对荷兰使节团有着诸多的负面评论。

第一卷被题献给乔治·华盛顿（George Washington），有Moreau de Saint-Mery 作的序，以及范罢览到1795年4月4日为止的旅程点滴。这包含了这些满怀好意的人为了赶在庆典前抵达北京，必须在寒冬中完成的短暂旅程。阅读这本海盗版——我们几乎可以在美国的所有图书馆里找到这个版本——包括哈佛的休斯敦图书馆，读者从中得到唯一的印象，就是这些荷兰人拼命赶路，什么也没看到，也无暇停留在任何令人愉悦的地方。因为海盗版的记录停留在中国中部的某处，很多人于是就相信这是一趟艰苦并且无趣的旅程，乃至于作者在启程回广州后很聪明地停止了写作。

美国原版的第二卷在1798年出版。它包含了范罢览剩下的旅程，结束于1796年9月。事实上，第二卷告诉我们，这些使节在回广东的路上享受了非常舒服闲逸的旅行，在沿途各处他们都被热情地款待。①

居住在费城期间，范罢览也花了他大部分的精力在建立自己的"美国城堡"上，这座他称为"中国隐居所"的豪宅建立在达拉威河岸边。他为了这栋房子严重地超支，这是个惊人消费的传奇，于是他在迁入之后没多久，就必须卖了这个房子——但这可不是发生在他迎娶小他40岁的开普敦新娘之前。范罢览再度被他在美国的不幸打击，而这次还使得他颜面扫地，于是，范罢览最终决定带着年轻的妻子回到尼德兰。在另外几次德国之旅以后，范罢览在1801年死于尼德兰。

最后一个关于范罢览的脚注：多年来，他之所以被记得是因为他帮玛莎·华盛顿购置的瓷器餐具，盘子上饰有花环状的图案勾画出拼法古怪的美国各个州名，以及一句让许多人不解的格言：这句话读作 DECUS ET TUTAMEN AB ILLO，曾被勉强翻成"荣耀和武器来自那个"（Glory and Arms from That），头三个字应该是没什么问题的；它们是印在英镑硬币上的铭文，通常译作"装饰与保卫"（Ornament and Safeguard）。这和原本出自古罗马诗人维吉尔（Virgil）的《埃涅阿斯纪》（Aeneid）的引文 Decus et tutamen in armis（book 5，line 262）多少有些不同，后者的意思是"荣耀及名誉在手中"。无疑，瓷器上的文字应解作"荣耀和名誉离他而去"（Glory and Honor away from him），指的是美国各州脱离了英

---

① André Everard van Braam Houckgeest, *Voyage de l'ambassade de la Compagnie des Indes orientales hollandaises, vers l'empereur de la chine, dans les années 1794 & 1795...*, published in French by M. L. E. Moreau de Saint-Méry, Philadelphia, 1797—1798, 2 vols.

国国王的掌控。这是范罢览又一次和昔日同在广东的英国老邻居开的小玩笑。[1]

心灵的交会

1795年1月1日，当德胜和范罢览正在赶赴北京的路上时，在日本，将军的首都江户有一场值得纪念的会面。知名的兰学者、同时也是 Lorens Heister（1683—1758）所著《医学教科书》（*Heelkundige Onderwijzingen*）的译者大槻玄沢（Otsuki Gentaku，1757—1827），为了纪念海难的生还者大黑屋光太夫回到日本两周年，在芝兰堂（Shirando Academy）举办了一个荷兰式的新年晚会。这样的新年晚会在出岛是常态，每年荷兰商馆大班会以荷兰饮食宴请所有的翻译官来庆祝阳历新年。画家市川岳山（Ichikawa Gakuzan）参与了这场兰学者的宴会，并且将它画下来流传后世。Reinier Hesselink 的诠释性研究，解开了这幅画作中许多隐藏的意涵，我们现在知道了在这场日本兰学界及文化界最杰出人物的聚会中，有哪些人出席。[2]

身为贵宾的光太夫在画面的中央，坐在主人的旁边。在墙上我们可以看到一幅 Lorens Heister 医师的画像，大槻玄沢翻译过他的作品。在左边的是画家司马江汉，稍早时我们在这一章曾经遇到过他。事实上司马江汉曾经质疑过光太夫传奇的真相，但他的兰学者同侪并没有认真看待这件事，觉得他缺乏深度并且认

---

[1] Eleanor H. Gustafson, "Hidden Meaning: Dutch American Andreas Everardus van Braam Houckgeest(1739—1801)," *Magazine Antiques*, October 2004.

[2] Reinier H. Hesselink, "A Dutch New Year at the Shirandō Academy, 1 January 1795, " Monumenta Nipponica 50, no. 2 (1995): 189—234.

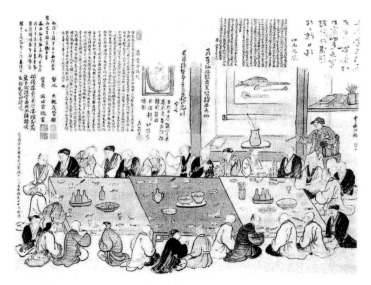

1795年，在芝兰堂举办的荷兰除夕夜宴会。本图由大槻玄沢所绘，收藏于早稻田大学图书馆。

为他是个"自视甚高并且老是到处夸耀的业余艺术家"。①

在整幅画之中，有一些德胜待在日本时的朋友，还有一些人之后会成为亨德里克·多福的朋友。而这位亨德里克·多福，是我在本书之中最后一位要介绍的人。

亨德里克·多福

1799年以抄写员的身份来到出岛的亨德里克·多福（1777—1835），在很多方面代表了年轻世代或是一个新时代的来临。到了那里，他发现出岛根本是彻头彻尾的一团混

乱。当时商馆大班 Gijsbert Hemmij 在前往觐见将军的宫廷之旅中过世；一场大火把长崎和出岛的一部分烧成灰烬；然后美国船只 Eliza 号在海湾附近沉没。多福发现当地的情况已经完全失序，而重建秩序完全超出了他的能力范围，于是他搭着同一班船回到了巴达维亚。一年后，他又和新上任的商馆大班 Willem Wardenaar 一起乘坐美国籍的"马萨诸塞"号回到了长崎。在接下来的几年里面，他们两人通力合作，将当地的秩序重建了起来。当 Willem Wardenaar 在1803年回国时，他将自己在出岛的责任交托到了多福手上。在1795年之后就没有荷兰联合东印度公司的船到过出岛，但是巴达维亚每年都安排一两艘中立国（如丹麦、勃兰登堡及美国）的船来出岛与日本进行贸易。这些船多数挂着星条旗，但是一旦日本海岸浮现在他们的视野中，这些船只就会降下星条旗并升上荷兰的三色旗，这样才能符合日本"只让来自尼德兰的船进入长崎湾"的规则。①

　　在杰佛逊总统实施禁运的1797年到1807年之间，有11艘美国船停靠过出岛。② 这些船只的海上日志及货品列表有许多保存在位于新英格兰的档案室里，但是就我所知，这些时代见证之中只有一份资料曾被完整地发表过，那就是 William Cleveland 的日记。此人是"马萨诸塞"号船长的手下，多福和 Willem Wardenaar 就是搭这艘船，在1800年夏天来到日本的。③ 这份资

---

① W. A. Veenhoven, *Strijd om Deshima, een onderzoek naar de aanslagen van Amerikaanse, Engelse, en Russische zijde op het Nederlandse handelsmonopolie in Japan gedurende de periode 1800—1817*, Leiden, 1950, pp. 24-31.

② Kanai Madoka, "Salem and Nagasaki: Their Encounter 1797—1807," *Tokyo Foreign Affairs Association* (1968), 引自: *Contemporary Japan* 29, no. 1.

③ 关于该船所装载的各种货物的细目与精确信息已印行，参见 the

料的编辑 Kanai Madoka，详尽地加注了这艘船是在怎样的情况下从巴达维亚装载了货物，以及运载货物的账单。

"马萨诸塞"号花了30天从爪哇前往日本——这算是很快速的航行——并在7月16日抵达长崎的下锚处。Hutchings 船长及他的荷兰旅客移居到出岛上，而 William Cleveland 则留在船上，而在这四个月的停留之中，他只登岸了五次。他多半的时间都在甲板上，照顾上下货的工作，或者眺望海湾中船只的往来，还有船只背后的长崎市；不然，就是思量着日本及关于日本的事物，并且记录下人家告诉他的日本人压迫基督徒的故事，以及日本王朝奇妙的政府形式。

William Cleveland 对于那些登岸的人遇到的仔细搜身感到很困惑，并且在看到 Willem Wardenaar 向日本官员致敬时猜测他"放弃了基督教信仰"，但是"后来确定了这只是一种致意"（只不过是用日本的方式）。他很讶异日本人对美国没什么敬意，但很快地就借助于一张地图，告诉了他们美国比荷兰大多少倍。他听说了严格的海禁禁止日本人出海，甚至还谈到大黑屋光太夫和没提到名字的船员从俄罗斯回来后"遭到了隔离，谁都不能见，甚至不能见到自己的妻小"。

9月1日晚上，他看到海湾周围的山上有"不可胜数的灯火，看起来就像是黄金"。那是村民们在盂兰盆节的场合，在墓地点起了灯笼。几天后，有人向他提到长崎"合法营业的娼馆"，以及父母们如何为了两三块美元，将自己三岁到五岁的女儿卖入娼门时，他无法"不同情日本女性的不幸，又想到在我们国内的感

introduction to Kanai Madoka, *A Diary of William Cleveland, Captain's Clerk on Board the Massachusetts*, Asian Studies Monograph Series 1, Quezon City, Philippines: Institute of Asian Studies, University of the Philippines, 1965.

情生活，以及这些美国的多情姐妹对我们的快乐有多必要"。① 9月29日，长崎的地方官带着一大票随员造访停在附近的一艘中国平底帆船，接着登上了"马萨诸塞"号。在日本官员酒足饭饱，也参观过了这艘船以后，William Cleveland 写道："他表示想见一见我们的厨子彼得，这个高大的黑人被叫到了甲板上，官员就高兴了，大概他以前从未看到过非洲人。在满足了他的好奇心以后，彼得就回到船舱里，彼得的出现让官员感到很有趣。"② 这着实是个从下锚于港中的船上甲板得到的日本印象，但它或许相当能反映出那时候一个观察入微的水手的观点。

多福在之后可能会这样描写美国船长：他们都是诚恳的绅士，除了两个酒鬼以外。从保存到今天的船上档案，可以看出船长们对自己的工作有多严谨，或多么准备周全。这些档案多半非常详尽，乃至于我们可以从其中追踪到塞勒姆市毕巴帝博物馆所藏的、列于这些档案上的物品。

德胜自己则在伦敦接受了一位美国船长 Henry Lelar 的造访。Henry Lelar 是位"非常有教养的绅士，说着全欧洲最重要的语言"，当时他去拜访德胜，为了自己即将到来的旅程及私人商业活动向德胜请益。而德胜将这看作一个托人转交信件给日本朋友的机会，很高兴地答允了。③

---

① the introduction to Kanai Madoka, *A Diary of William Cleveland, Captain's Clerk on Board the Massachusetts*, Asian Studies Monograph Series 1, Quezon City, Philippines: Institute of Asian Studies, University of the Philippines, 1965. p.29.

② the introduction to Kanai Madoka, *A Diary of William Cleveland, Captain's Clerk on Board the Massachusetts*, Asian Studies Monograph Series 1, Quezon City, Philippines: Institute of Asian Studies, University of the Philippines, 1965. pp.31, 32.

③ Lelar的名字一直被 Lequin 误拼，他称为 Henry Zela。关于这些信

我不应该在此太详尽地描述在出岛的美国人，但是我得举出几次外籍人士造访长崎的例子，多福在其中扮演过重要的角色。首先是1804年，俄罗斯公使 Nikolai Resanov 伯爵继 Erik Laxman 之后的造访——Erik Laxman 在那次造访中把光太夫带回日本。Nikolai Resanov 伯爵造访长崎，是为了正式请求建立日本与俄罗斯的贸易关系，这是俄罗斯早先就对日本当局提议过的。Nikolai Resanov 停留于长崎的一年之间，俄罗斯人惹出了各种仪式和礼数上的麻烦，像在日本官员来访时拒绝起身，或是拒绝听从将军政权的要求收好自己的随身武器等。多福在这期间帮过一些忙，但是就像他自己预见的一样，俄罗斯人来此的诉求——打开日俄间的贸易——被拒绝了。在 G. H. von Langsdorff 的《世界之旅》(*Journey around the World*) 之中，Krusenstern 船长描述了他和 Nikolai Resanov 的沮丧，同时，在这里，我们又一次看到西方人为在文化上很灵活的荷兰人激动不已——这次是多福，因为他按照日本的风尚向日本人鞠躬。[1] Donald Keene 显然对谴责随从当地的风俗很有兴趣，他完整引述了 Krusenstern 的唠叨："这是多么地让人痛心——一个开化的欧洲国家、一个在对自由的热爱上建立政治实体的国家、一个以伟大行动赢得名声的国家，现在将自己对利润的欲求，降格到服从并献身于一群奴隶的可憎命令"。[2]

件的引言与德胜的写作建议，参见：Titsingh, *Private Correspondence*, vol.2, pp.752—758.

[1] G. H. von Langsdorff, *Bemerkungen auf einer Reise um die Welt in den Fahren 1803 bis 1807*. Frankfurt am Main, 1812.

[2] Keene, *Japanese Discovery*, p. 9.

1809年，在出岛举办的日荷交好两百年庆祝晚会。本图由川原庆贺所绘，现藏于阿姆斯特丹的国立船运博物馆（National Scheepvaart Museum）。

　　多福在当时获得了可观的声誉。身为顽固的荷兰爱国者，他在日本通译的睁一只眼闭一只眼下，三度抵挡了英国人想要称雄于对日贸易的企图，并让在世界其他角落已然降下的荷兰旗帜继续飘扬在出岛上。1808年10月，不列颠的战舰"法厄同"（Phaeton）号挂着荷兰旗帜出其不意地来到长崎，多福在长崎当局搞清楚那是艘英国战舰之前，就成功地让它离开长崎湾。在1813年和1814年，他两度破坏了英国爪哇当局的总督Thomas Stamford Raffles 打开日英贸易的尝试。多福的《日本回想录》很详细地交代了这一切的来龙去脉。[①] 因为他采取的这些冒险行动——这些行动只有长崎当地的政府提供协助——这位出岛上"顽强而孤寂的离乡背井者"不论自己是否愿意，都成为了一位民族主义的代表。无疑，他散发出的英雄主义与

_____

① Doeff, *Recollections of Japan.*

浪漫的氛围，与母国骚乱而创痛的时代背景息息相关。

1795年的荷兰，正在遭受法国军队铺天盖地的侵略，并且最终变成了一个名为巴达维亚共和国（Batavian Republic）的附庸国。1806年，共和国改制为王国，由拿破仑的哥哥路易·波拿巴（Louis Bonaparte）担任国王。1810年，该国并入法兰西帝国，直到1813年11月拿破仑兵败莱比锡。然而故事没有就这么结束，因为在1815年，新成立的王国又一次在滑铁卢战役（Battle of Waterloo）中遭遇了存续的挑战。在这个体制变迁的背景之下，一个孤独而镇定的男人，在遥远的小岛上日复一日地升起又降下荷兰的国旗，确实是一个牧歌式的形象。

而在这里让我们关注的则是在15年离乡背井的生活之中，多福在出岛有意识地做出的贡献。在完全通晓日语以后，在日本伙伴的帮助之下，多福以 Francois Halma 的旧字典为基础，重写了荷日字典。这个名为《荷法对照词典》的巨作，直到19世纪50年代荷兰文国际研究语言的位置被英文取代前，都一直为兰学者所使用。就连以兰学者的身份开始学术研究之路的福泽谕吉（Fukuzawa Yukichi）都曾指出他怎样靠着抄写《荷法对照词典》从资助者那里赚取零用钱。

身为日文的爱好者，多福也以俳句诗人的身份闻名于当世。他的名作之一，是一次在前往江户的路上为一名切豆腐少女写的俳句：

借我你手臂，
快如闪电，
做我旅途上的枕头。

　　而如果下面这首他从自家瞭望台上眺望广阔长崎湾而写下的俳句，会给我们一种"这家伙是个懒汉，老是把时间花在白日梦般地等待不知所踪的船"的印象，别忘了如今我们也知道他其实总是忙着教法国人及荷兰人日文。

> 一阵春风，
> 来回地喧嚷着
> 帆船。①

　　亨德里克·多福的海外生活结束于1817年。他告别了他的女伴山梨（Uryuno）和他们九岁的儿子道富丈吉（Michitomi Yokichi）。这两人无法与他一同离去，但是他确保了他们下半生的生活无虞。② 他把所有的家当，包括大量的日本手稿和各种收藏品，随身带到了巴达维亚，两年后搭乘荷兰船队中最大船只之一的 De Ruyter 号回家。行经印度洋半途，在迪戈加西亚岛附近，船开始漏水并且渐渐下沉。船员和乘客被一艘美国双桅帆船 Pikering 号所救，但多福终究只能无助地看着自己所有的行李跟着船往下沉。于是，他原本回到荷兰后致力于从事日本研究的计划就泡汤了。

---

① Frits Vos, "De Nederlandse taal in Japan," unpublished typescript.

② Doeff, *Recollections of Japan*, p. 213. Vos, "Forgotten Foibles," p.632. 这个男孩在出岛诞生并被多福承认，最后在17岁时受忧郁与肺结核之苦而死。

亨德里克·多福的肖像，作于1803年。

本图由川原庆贺所绘，现藏于神户市立博物馆。

直到15年后，这个谨慎的绅士才决定写作他的《日本回想录》。虽然他已在《莱佛士爵士的生活与公共服务委员会》（*The Life and Public Service of Sir Thomas Stamford Raffles*）一书中读到Krusensrern对荷兰人行为的斥责和Lady Raffles引起的批评，他却直到1830年才采取行动。① 那一年，Philip Franz von

① Sophia Raffles, *Memoir of the life and public services of Sir Thomas Stamford Raffles, ... particularly in the Government of Java, 1811—1816, and of Bencoolen and its dependencies, 1817—1824; with details of the commerce and resources of the Eastern Archipelago, and selections from his correspondence*, London, 1830.

Siebold 带着大量的日本工艺品收藏回到了尼德兰，并且加入了国王的麾下，开始着手写他的巨著《日本》（*Nippon*）——这是个直到20年后都还没完成的巨大尝试。Von Siebold 和同样把工艺品收藏卖给国王的出岛仓库管理者 J. F. van Overmeer Fischer，带着炫耀宣布他们写了一本荷日字典。多福一听到这件事，就发表了激烈的抗议，因为他知道他们可能使用了他留在出岛的抄本。这促使他写作他的《日本回想录》，好讲清楚他在那些年间遭到的冷落。①

尾声

在本书以及我原来的赖肖尔讲座里，我的目的是借由三个港口城市作为启发性的工具，去探索欧洲贸易者是如何伴随着中国南方私人贸易的扩张，进入了东亚及东南亚海域并日渐壮大。在18世纪80年代和90年代，他们挤满了中国海，并且在中国海一带影响了全球政治与工业革命。我曾称呼巴达维亚、广州与长崎为"看得见的城市"，并非只是因为它们被具象地呈现在地图与图画上，更胜于其他同时期的亚洲港口，而且因为它们揭示了全球发展的区域性影响。但是，难道这三个城市仅仅是同一主题下的不同变奏吗？就像卡尔维诺的小说中马可·波罗告诉大汗的故事里的那些"看不见的城市"？

每个旧世界的商业中心都再现了它们各自服务的政治经济体制的各种筹谋擘划，其目的是实现对全球贸易的稳固控制。同时，它们也见证了这个制衡机制的持续发展，而这个制衡机

---

① Doeff, *Recollections of Japan*, p.xlii.

制被设计的目的是调节那些年海洋运输业的转移。作为荷兰联合东印度公司这个海上运输帝国在季风亚洲的辐辏点，巴达维亚有完整的关税表与规章制度的文集，也在这个商业帝国周围的贸易转向其他方向时，面对了自己造成的毁灭。（虽然，至少暂时性地，这也因为美国人的到来而缓解。）在长崎，当幕府实行日本自给自足的政策之际，它几乎扼杀了海洋贸易，但是门户却为了取得外界信息的目的而半开着。那里，同样地，美国贸易者终究如同骑着白马的英勇骑士而到来。

在广东，纵使作为"西方"出现的角色不断地改变，天空似乎仍是贸易唯一的限制。当公司垄断让位于私商的私人事业以及新到的美国人时，广州体制自身——在其中，行商起了帝国政府控制西方贸易者的代理人的作用（又一个复杂的制衡系统）——则基本完整地保留了下来。这个系统缓和了市场端的谈判，但是并非一个失衡的交易，并且显然并非以政治议题为务。当广东沿岸的情势迅速恶化时，所有的参与者都非常清楚：鸦片与茶的贸易不会永远持续，然而在这些参与暴利买卖的人心中，短期的利润压倒了任何理智。波士顿人告诉他们自己，"毫无疑问地，这仍是一个公平、诚实而合法的贸易"。

毫无疑问，全球变迁的效应因为中国南海的贸易而扭转了。这片水域曾被视为内海，在贸易上自给自足，在此时日渐连接于迅速扩张的全球经济网。即使18世纪90年代除了英国之外所有的欧洲远东贸易参与者，已经因为与法国的战争而离开市场，美国人也很快取代了他们的位置。即使整个欧陆陷入战争之中，全球贸易也持续地发展着。

简单来看，似乎欧洲人的失败就是美国人的成功。荷兰领事 Pieter van Berckel 害怕美国会开始遣送大量的船只到东方是正确的，而"他们也许会变成贸易上的竞争者"的预言也实现了。但讽刺的是，美国贸易者其实是一个祝福——当荷兰船只由于拿破仑战争而无法再前往巴达维亚、广州与长崎时，美国佬在他们挂着白帆的船上，却在旅程中拯救了荷兰在亚洲的贸易殖民地点，这些地方当时已经囤积了大量无法运送的货物。然后1807年杰佛逊推出了他恶名昭彰的《禁运法案》，使美国人必须撤离这个地区。英国人几次徒然地试图在这种状况下得利，甚至于扬言要占领澳门，直到中国强制他们离开。

人们可能会好奇，如果没有杰佛逊那种美国版本的拿破仑式大陆体系思维，美国势力会如何广布于亚洲贸易而继续发展。在1807年到1808年之际，以谁是赢家谁是输家的方式做出评判是不可能的。在那年头，历史甚至没有对牵涉其中的各方显露出任何一点迹象——那基本上是比赛中的暂停时间。然而，如水晶般明澈的是：老的西方贸易者在亚洲的体制走到了尽头。

最近有件事在研究东南亚历史的学生之间相当流行——而且我要强调，是东南亚大陆的历史：他们宣称1750年至1780年期间是一个紧要关头，从其间诞生了新的、现代的秩序。Anthony Reid 和 Victor Lieberman 甚至说到了"亚洲独立自主地位的最后驻留"。① 我不确定我们在海洋领域也能持类似见解——在那里，每件事情都在变动之中并且非常失控。② 中国与日本政府确实为了传统而"驻留"了一下，但绝非向现代性

---

① Anthony Reid and Victor Lieberman, *The Last Stand of Asian Autonomies: Responses to Modernity in the Diverse States of Southeast Asia and Korea, 1750/1900*. London: Macmillan, 1997.

② 用 Jack Will 响亮的说法：东方的海域是"宽广而无国界的空间"（赖肖尔讲座后的口头讨论时间）。

的挑战提出了具有内在统一性的回应。

　　我们很难在东南亚水域辨识出任何新秩序——在那里，闯入者、港脚贸易者、海盗以及走私者使得所有既存的权力关系都成了问题，但却没有想办法取代这些权力关系。也许比较安全的说法是：在中国南海的边缘出现了新形态的港口城市，并服务于该区域的中国贸易网络前，我们不能说有个海洋贸易的新时代诞生了。汤玛士·莱佛士出色的判断是踏往这个新方向的第一步：他以"由新的商业中心、自由港新加坡的建立所带来的中国经济体系扩张"标明了全球贸易的转型。而当香港、上海、横滨、神户，以及所有其他的通商口岸从1842年起开始跟进时，世界贸易的新态势也就由此浮现。广州与长崎这些旧时代由特定国家独占的商业中心，如今不再受到中国与日本中央政府的控制。事情怎么会变成这样，那又是另一个完全不同的复杂故事了——如果有谁很想知道，我唯一的建议是：就去读费正清吧！①

---

　　① John King Fairbank, *Trade and Diplomacy on the China Coast: The Opening of the Treaty Ports 1842—1854*. Stanford: Stanford University Press, 1969.

参考文献

1. Anderson, Aeneas, *A Narrative of the British Embassy to China, in the Years 1792, 1793, and 1794.* New York, 1795.

2. Antony, Robert J., *Like Froth Floating on the Sea: The World of Pirates and Seafarers in late Imperial South China.* Berkeley, CA: Institute of East Asian Studies, 2003.

3. Arasaratnam, Sinnappah, "Dutch Commercial Policy and Interests in the Malay Peninsula, 1750—1795." In Blair B. King and M.N. Pearson, eds., *The Age of Partnership, Europeans in Asia before Dominion. Honolulu:* University Press of Hawaii, 1979. pp.159—190.

4. Barnsley, Edward R., *History of China's Retreat.* Paper presented to the Bucks County Historical Society in Doylestown, PA, May 6, 1933. Reprinted for the author by the Bristol Printing Company from the *Bristol Courier* of May 9, 10, and 11, 1933.

5. Barnsley, Edward R., *The First VBH: A biography about the remarkable life of an eighteenth-century Dutch citizen and naturalized American named Andreas Everardus van Braam*

Houckgeest. Beach Haven, NJ, 1989. 2 vols.

6. Barrow, Sir John, *Travels in China: Containing descriptions, observations, and comparisons, made and collected in the course of a short residence at the imperial palace of Yuen-min-yuen, and on a subsequent journey through the country from Pekin to Canton...* Philadelphia: Printed and sold by W. E M ' Laughlin, 1805.

7. Basu, Dilip Kumar, *Asian Merchants and Western Trade: A Comparative Study of Calcutta and Canton, 1800—1840.* PhD dissertation, University of California, Berkeley,1975.

8. Barrow, Sir John, ed., *The Rise and Growth of the Colonial Port Cities in Asia.* Lanham: University Press of America; Berkeley: Center for South and Southeast Asia Studies, University of California, 1985.

9. Baudet, E. H. P, *Paradise on Earth: Some Thoughts on European Images of NonEuropean Man.* Westport, CT: Greenwood Press, 1976.

10. Bell,Whitfield J, et al., *A Cabinet of Curiosities: Five Episodes in the Evolution of American Museums.* Charlottesville: University of Virginia Press, 1967.

11. Bentley, William, *The Diary of william Bentley, D. D., Pastor of the East Church, Salem, Massachusetts (1784-December 1819).* Salem, MA: Essex Institute, 1905; reprint, Gloucester, MA: Peter Smith, 1962. 4 vols.

12. Bickers, Robert A., ed, *Ritual and Diplomacy: The Macartney Mission to China,1792—1794: Papers Presented at the 1992 Conference of the British Association for Chinese Studies*

Marking the Bicentenary of the Macartney Mission to China.
London: Wellsweep, 1993.

13. Bielenstein, Hans, *Diplomacy and Trade in the Chinese World, 589—1276.* Leiden: Brill, 2005.

14. Bishop, John Lyman, comp., *Studies of Governmental Institutions in Chinese History.* Cambridge, MA: Harvard University Press, 1968.

15. Blussé,Leonard, "Amongst Feigned Friends and Declared Enemies." In Solvi Sogner,ed., *Making Sense of Global History.* Oslo: Universitetsforlaget, 2002. pp. 154—168.

16. Blussé, Leonard, *Bitter Bonds: A Colonial Divorce Drama of the Seventeenth Century.* Princeton. NJ: Markus Wiener Publishers, 2002.

17. Blussé, Leonard, "Brief Encounter at Macao." Special issue, *Modern Asian Studies 22*, no.3 (1988): 647—663.

18. Blussé, Leonard, "Divesting a Myth: Seventeenth Century Dutch—Portuguese Rivalry in the Far East." In Anthony Disney and Emily Booth, eds, *Vasco da Gama and the Linking of Europe and Asia.* New Delhi: Oxford University Press, 2000. pp.387—402.

19. Blussé, Leonard, "No Boats to China: The Dutch East India Company and the Changing Pattern of the China Sea Trade, 1635—1690. " *Modern Asian Studies 30*, no. 1(1996): 51—76.

20. Blussé, Leonard, "Queen among Kings, Diplomatic Ritual at Batavia." In Kees Grijns and Peter J. M. Nas, eds., *Jakarta-Batavia Leiden:* KITLV Press. pp. 25—42.

21. Blussé, Leonard, *Strange Company: Chinese Settlers, Mestizo Women, and the Dutch in VOC Batavia*. Dordrecht, Holland: Foris Publications, 1986.

22. Blussé, Leonard, "Vessel of Communication: Some Remarks about the Restricted Transfer of Maritime Know-how and Shipbuilding Technology between the Netherlands and Japan during the VOC Period." In *Transactions of the Symposium, Culture and Technology of Sea and Ship: 400 Years of History and the Next Century.* Tokyo: Japan Institute of Navigation, 1998. pp. 101—114.

23. Blussé, Leonard, "The Vicissitudes of Maritime Trade: Letters from the Ocean Merchant, Li Kunhe, to the Dutch Authorities in Batavia(1803—1809)." In Anthony Reid, ed., *Sojourners and Settlers: Histories of Southeast Asia and the Chinese.* St. Leonards. Australia: Auen and Unwin,1996.

24. Blussé, Leonard, and Chen Menghong, eds., *The Archives of the Kong Koan of Batavia.* Leiden: Brill, 2003.

25. Blussé, Leonard, and Femme Gaastra, *Companies and Trade: Essays on Overseas Trading Companies during the Ancien Régime.* Leiden: Leiden University Press, 1981.

26. Blussé, Leonard, Willem Remmelink, and lvo Smits, eds., *Bridging the Divide: 400 Years, the Netherlands-Japan.* Amsterdam: Hotei Publishing, 2000.

27. Blussé, Leonard, Cynthia Viallé, Willem Remmelink, and Isabel van Daalen, eds., *The Deshima Diaries: Marginalia 1740—1800.* Tokyo: Japan-Netherlands Institute, 2004.

28. Blussé, Leonard, Wu Fengbin, Nie Dening, et al., *Gongan bu, Bacheng huaren Gong-guan Dangan* [Minutes of the Board Meetings of the Chinese Council of Batavia], Xiamen: Xiamen University Press, 2002—2007, 6 vols.

29. Braam Houckgeest, André Everard van, *Voyage de l'ambassade de la Compagnie des Indes Orientales hollandaises, vers l'empereur de la Chine, dans les années 1794 & 1795: Où se trouve la description de plusieurs parties de la Chine inconnues aux Européens, & que cette ambassade à donné l'occasion de traverser: / le tout tiré du journal d'André Everard van Braam Houckgeest, chef de la direction de la Compagnie des Indes Orientales hollandaises à la Chine, & second dans cette ambassade; ancien directeur de la Société des sciences & arts de Harlem en Hollande; de la Société philosophique de philadelphie, & c. & c.* Published in French by M.L.E.Moreau de Saint-Méry. Philadelphia, 1797—1798. 2 vols.

30. Braudel, Fernand, *Civilization and Capitalism. 15th—18th Century.* New York: Harper and Row, 1982—1984. 3 vols.

31. Broeze, Frank, ed., *Brides of the Sea: Port Cities of Asia from the 16th—20th Centuries.* Honolulu: University of Hawaii Press, 1989.

32. Broeze, Frank, ed., *Gateways of Asia: port cities of Asia in the 13th—20th centuries.* In association with the Asian Studies Association of Australia, New York: Kegan Paul international 1997.

33. Broeze, Frank, Peter G. Reeves, and Kenneth McPherson. eds., *Ports and Port Cities as Places of Social Interaction in the*

Indian Ocean Region: A Preliminary Historical Bibliography.
Perth：Centre for South and Southeast Asian Studies, University
of Western Australia, 1981.

34. Brug, P. H. van der, *Malaria en malaise: De VOC in Batavia
in de achttiende eeuw.* Amsterdam：De Bataafsche Leeuw. 1994.

35. Calvino, Italo, *Invisible Cities.* Translated by William
Weaver. New York：Harcourt Brace Jovanovich, 1974.

36. Camfferman, Cees, and Terence E. Cooke, "The Profits of the
Dutch East India Company's Japan Trade." *Abacus* 40, no.1(2004)：
49—75.

37. Campen, Jan van, *Royers Chinese kabinet: Voorwerpen
uit China verzameld door Jean Theodore Royer (1737—1807).*
Zwolle：Waanders; Amsterdam：Rijksmuseum, 2000.

38. Campen, Jan van, *De Haagsejurist Jean Theodore Royer
(1737—1807)en zijn verzameling Chinese voorwerpen.* Hilversum：
Verloren, 2000.

39. Carpenter, Francis Ross, *The Old China Trade: Americans
in Canton 1784—1843.* New York：Coward, McCann and
Geoghegan, 1976.

40. Chaiklin, Martha, *Cultural Commerce and Dutch
Commercial Culture: The Influence of European Material Culture
on Japan, 1700—1850.* Studies in Overseas History 5, Leiden：
CNWS Press, 2003.

41. Chang, Pin-tsun, "Chinese Maritime Trade：The Case
of Sixteenth-Century Fuchien." PhD dissertation, Princeton
University, 1983.Chang, Pin-tsun, "The First Chinese Diaspora

in Southeast Asia in the Fifteenth Century." In R. Ptak and D.Rothermund, eds., *Emporia, Commodities,and Entrepreneurs in Asian Maritime Trade, c. 1400—1750.* Stuttgart: Steiner Verlag, 1991. pp. 13—28.

42. Chang, Pin-tsun, "Maritime Trade and Local Economy in Late Ming Fukien." In E. B.Vermeer, ed, *Development and Decline of Fukien Province in the 17th and 18th Centuries.* Leiden: Brill. 1990.

43. Chang, Stephen Tseng-Hsin, "Commodities Imported to the Chang-chou Region of Fukian during the Late Ming Period: A Preliminary Analysis of the Tax Lists Found in *Tung-hsi-yang k 'ao'.*" In R. Ptak and D. Rothermund, eds., *Emporia, Commodities, and Entrepreneurs in Asian Maritime Trade,* c.1400—1750. Stuttgart: Steiner Verlag, 1991. pp. 159—194.

44. Chaudhuri, K. N., *The Trading World of Asia and the English East India Company, 1660—1760.* Cambridge Cambridge University Press, 1978.

45. Ch'en Kuo-tung, Anthony, *The Insolvency of the Chinese Hong Merchants, 1760—1843.* Institute of Economics Academia Sinica, Monograph Series no. 45. Nankang, Taiwan: Institute of Economics, Academia Sinica, 1990.

46. Chen, Xiyu, *Zhongguo fanchuan yu baiwai maoyi* [Chinese Sailing Ships and Overseas Trade] , Xiamen: n. p., 1991.

47. Cheong, Weng Eang, *Hong Merchants of Canton: Chinese Merchants in Sino-Western Trade 1684—1768. Richmond, Surrey: Curzon Press, 1997.*

48. Chijs, J. A van der, *Nederlandsch-Indisch Plakaatboek 1602—1811*. Batavia: Lands drukkerij, 1885—1900. 17 vols.

49. Chin, James K., "Merchants and Other Sojourners: The Hokkien Overseas, 1570—1760." PhD dissertation, University of Hong Kong, 1998.

50. Cleveland, Richard J., *A Narrative of Voyages and Commercial Enterprises, by Richard F. Cleveland (1773—1860)*. Boston: C. H. Peirce, 1850.

51. Constant, Charles Samuel de, *Les mémoires de Charles de Constantsur le commerce à la Chine*. Edited by Louis Dermigny. Paris: SEVPEN, 1964.

52. Cranmer–Byng, J. I., *An Embassy to China: Lord Macarthey's Journal, 1793—1794*. London: Routledge, 2000.

53. Crossman, Carl L., *The China Trade: Fxcport Paintings, Furniture, Silver Other Objects*. Princeton, NJ: Pyne Press, 1972.

54. Cushman, Jennifer W., *Fields, from the Sea: Chinese, funk Trade with Siam during the Late Eighteenth and Early Nineteenth Centuries*, Ithaca: Cornell University Press, 1975.

55. Delano, Amasa, *Delano's Voyages of Commerce and Discovery: Amasa Delano in China, the Pacific Islands, Australia, and South America, 1789—1807*. Edited and with an introduction by Eleanor Roosevelt Seagraves. Foreword by William T. LaMoy. Stockbridge, MA: Berkshire House Publishers, 1994. [Original title: *A Narrative of Voyages and Travels in the Northern and Southern Hemispberes.*]

56. Dennett, Tyler, *Americans in Eastern Asia: A Critical Study*

of the Policy of the United States with Reference to China, Japan, and Korea in the 19th Century. New York: Octagon Books, 1979.

57. Dennys, N. B, ed., *The Treaty Ports of China and Japan: A Complete Guide to the Open Ports of Those Countries, Together with Peking, Yedo, Hongkong and Macao. Forming a guide book vademecum for travellers, merchants, and residents in general.* By Wim. Fred Mayers, N. B. Dennys, and Chas. King. London: Trübner and Co., 1867.

58. Dermigny, Louis, *La Chine et l'occident: Le commerce à Canton au 18e siècle, 1719—1833.* Paris: SEVPEN, 1964. 3 vols.

59. Dermigny, Louis, *Les mémoires de Charles de Constant sur la commerce à la Chine.* Paris:SEVPEN, 1964.

60. Dillo, Lngrid G., *De nadagen van de Verenigde Oostindische Compagnie,1783—1795: Schepen en zeevarenden.* Amsterdam: De Bataafsche Leeuw. 1992.

61. Dirks, Nicholas B., *The Scandal of Empire: India and the Creation of imperial Britain.* Cambridge, MA: Belknap Press of Harvard University Press, 2006.

62. Doeff, Hendrik, *Herinneringen uit Japan.* Haarlem: E Bohn, 1833.

63. Doeff, Hendrik, *Recollections of Japan.* Translated and annotated by Annick M. Doeff.Victoria, BC: Trafford. 2003.

64. Downs, Jacques M., *The Golden Ghetto: The American Commercial Community at Canton and the Shaping of American China Policy, 1784—1844.* Bethlehem, PA: Lehigh University Press, 1997.

65. Dulles, Foster Rhea, *The Old China Trade*. Boston: Houghton Mifflin Company, 1930.

66. Duyvendak, J. J. L, "The Last Dutch Embassy to the Chinese Court." *T'oung Pao* 34, no .4(1938): 1—137.

67. Earl, George Windsor, *The Eastern Seas or Voyages and Adventures in the Indian Archi-pelago in 1832—33—34, comprising a tour of the island of Java-visits to Borneo,the Malay peninsula, Siam etc; also an account of the present state of Singapore with observations on the commercial resources of the archipelago.* London: W. Allen and Co.,1837.

68. Eyck van Heslinga, E.S. van, *Van compagnie naar koopvaardij: De scheepvaartver-binding van de Bataafse Republiek met de koloniën in Azië 1795—1806.* Amsterdam: Bataafsche Leeuw,1988.

69. Fairbank, John King, *Trade and Diplomacy on the China Coast: The Opening of the Treaty Ports 1842—1854.* Stanford: Stanford University Press, 1969.

70. Fairbank, John King, ed., *The Chinese World Order: Traditional China's Foreign Relations.* Cambridge, MA: Harvard University Press, 1968.

71. Fairbank, John King, Edwin Reischauer, and Albert M. Craig, *East Asia: The Modern Transformation.* Boston: Houghton Mifflin, 1965.

72. Feenstra Kuiper, Jan, *Japan en de buitenwereld in de achttiende eeuw.* The Hague: M. Nijhoff, 1921.

73. Feldbæk, Ole, *India Trade under the Danish Flag 1772—*

1808: European Enterprise and Anglo-Indian Remittance and Trade. Lund: Studentlitteratur, 1969.

74. Fichter, James. "American East Indies, 1773—1815." PhD dissertation, Harvard University,2006.

75. Forbes, R. B., *Remarks on China and the China Trade* Boston: Samuel N. Dickinson, printer, 1844.

76. Frankel, Jeffrey, "The 1807—1809 Embargo against Great Britain." *Journal of Economic History 17*, no. 2(1982): 296—308.

77. French, Calvin L., *Shiba Kōkan: Artist, Innovator, and Pioneer in the Westernization of Japan*. New York: Weatherhill, 1966.

78. Fu, Lo-shu, *A Documentary Chronicle of Sino-Western Relations(1644—1820)*.Tucson: University of Ariona Press,1966.2 vols.

79. Gaastra, Femme S., *The Dutch East India Company: Expansion and Decline*. Zutphen: De Walburg Pets, 2003.

80. Gobel, Erik, "The Danish Asiatic Company's Voyages to China 1732—1833." *Scandinavian Economic History Review 27*, no.1(1979): 1—25.

81. Goldstein, Jonathan, *Philadelphia and the China Trade 1682—1846, Commercial, Cultural and Attitudinal Effects*. University Park: Pennsylvania State University Press,1978.

82. Golovnin, Vasilii Mikhailovich, *Narrative of my captivity in Japan, during the years 1811, 1812 amp; 1813, by Captain Golownin, R. N. To which is added an account of voyages to the coasts of Japan, and of negotiations with the Japanese, for the release of the author and his companions, by Captain Rikord*. London:

Printed for H.Colburn, 1818. 2 vols.

83. Goodman, Grant Kohn, *Japan and the Dutch, 1600—1853.* Richmond, Surrey: Curzon Press. 2000.

84. Goodrich, Carter, comp., *The Government and the Economy, 1783—1861.* Indianapolis: Bobbs-Merrill. 1967.

85. Grant, Frederic Delano, "Hong Merchant Litigation in the American Courts." *In Proceedings of the Massachusetts Historical Society,* vol. 99(1987). Boston: Northeastern University Press, 1988. pp. 44—62.

86. Grant, Frederic Delano, "Merchants, Lawyers, and the China Trade of Boston." *Boston Bar Journal* 23, no.8 (September 1979): 5—16.

87. Grant, Frederic Delano, "The Present Relevance of Historical American Trade with China." Paper delivered at symposium The New England China Trade—Then and Now, Boston Athenaeum, Boston, May 20, 2005.

88. Greenberg, Michael, *British Trade and the Opening of China 1800—1842.* Cambridge: Cambridge University Press, 1951.

89. Groot, Henk de, "The Study of the Dutch Language in Japan during Its Period of National Isolation(ca. 1641—1868)." Dissertation, University of Canterbury, New Zealand, 2007.

90. Guignes, Chrétien-Louis-Joseph de, *Voyages à Peking, Manille et l' île de France, faits dans l'intervalle des années 1784 à 1801.* Paris: Imprimerie impériale, 1808. 3 vols.

91. Gunn, Geoffrey C., *Nagasaki in the Asian Bullion Trade Networks.* Tonan Ajiakenkyu sosho 32. Nagasaki: Nagasaki

daigaku keizaibu Tonan- ajia kenkyujo, 1999.

92. Haan, Frederik de, *Oud Batavia. Bandung:* A. C. Nix, 1935. 2 vols.

93. Haga, Tōru, *Sugita Genpaku, Hiraga Gennai, Shiba Kōkan.* Tokyo: Chūō Kōronsha, 1971.

94. Hamashita, Takeshi, "Tha Intra-regional System in East Asia in Modern Times." In Peter J. Katzenstein and Takashi Shiraishi, eds, *Network Power: Japan and Asia.* Ithaca: Cornell University Press, 1997.

95. Hamashita, Takeshi, *Kindai chūgoku no kokusaiteki keiki: chōkō bōeki shisutemu to kindai Ajia:* [Early Modern China's International Turning Points: The Tribute Trade System and Early Modern Asia] . Tokyo: Tōkyō Daigaku Shuppankai, 1990.

96. Heath, Peter, "War and Peace in the Works of Erasmus: A Medieval Perspective." In Andrew Ayton and J. L. Price, eds., *The Medieval Military Revolution: State, Society and Military Change in Medieval and Early Modern Europe.* London: I. B. Taurus Publishers, 1995. pp. 121-144.

97. Heek, Frederik van, Chineesche Immigranten in Nederland. Amsterdam: J. Emmering, 1936.

98. Hesselink, Reinier H., "A Dutch New year at the Shirandô Academy, 1 January 1795." *Monumenta Nipponica* 50, no. 2(1995): 189—234.

99. Hevia, James Louis, *Cherishing Men from Afar: Qing Guest Ritual and the Macartney Fmbassy of 1793.* Durham: Duke University Press, 1995.

100. Hickey, William, *Memoirs of William Hickey.* Edited by Peter Quennell. London: Routledge and Kegan Paul, 1975.

101. Historiographical Institute, ed., *Oranda Shôkancho Nikki: Diaries Kept by the Heads of the Dutch Factory in Japan 1633—1647* [Original Dutch Texts] .Tokyo: Historiographical Institute, 1974—2003, 10 vols.; Japanese translation, 1976—2004, 10 vols.

102. Hoang, Anh Tuan, *Silk for Silver: Dutch-Vietnamese Relations, 1637—1700*, TANAP Monographs on the History of Asian-European Interaction 5. Leiden: Brill, 2007.

103. Hobhouse, Henry, *Seeds of Wealth: Four Plants That Made Men Rich.* London: Macmillan,2003.

104. Hostetler, Laura, *Qing Colonial Enterprise, Ethnography and Cartography in Early Modern China.* Chicago: University of Chicago Press, 2001.

105. Howard, David Sanctuary, *New York and the China Trade.* With an essay by Conrad Edick Wright. New York: New York Historical Society, 1984.

106. Howard, David Sanctuary, *A Tale of Three Cities: Canton, Shanghai and Hong Kong: Three Centuries of Sino-British Trade in the Decorative Arts.* London: Sotheby' s, 1997.

107. Hullu, J. de, "A. E. Van Braam Houckgeest's memorie over Malakka en den tinhandel aldaar (1790)." *Bijdragen tot de Taal-, Land-en Volkenkunde van Nederlandsch-indië,* KITLV,76(1920): 284—309.

108. Hullu, J. de, "De instelling van de commissie voor

den handel der Oost–Indische Compagnie op China in 1756"
［The Establishment of the Committee for the China Trade of the
East India Company in 1756］, *Bijdragen tot de Taal-, Land-, en
Volken-kunde van Nederlandsch-Indië*, KITLV,(1923)529—533.

109. Hullu, J. de, "On the Rise of the Indies Trade of the
United States of America as competitor of the East India Company
in the Period 1786—1790." In M.A.P. Meilink–Roelofsz, ed.,
Dutch Authors on Asian History. Dordrecht： Foris Publications,
1988.pp.138—154.

110. Hurst, Ronald, *The Golden Rock: An Episode of the
American War of Independence.* Annapolis： Naval Institute Press,
1996.

111. Huyssen van Kattendyke, W.J.C. Ridder, *Uittreksel uit
het Dagboek, gedurende zijnverblijfin Japan in 1857, 1858, en 1859.*
The Hague, 1860.

112. *Ideal Commonwealths: Comprising, More's Utopia,
Bacon's New Atlantis, Campanella's City of the Sun, and Harriton's
Oceana,* Introduction by Henry Morley. P. E Collier and Son；
New York： The Colonial Press, 1914.

113. Idema, Wilt, "Vreemde bedden en een grabbelton
" *Armada* 19(2000)： 25—29.

114. Irick, Robert L., *Ch'ing Policy toward the Coolie Trade
1847—1878.* Taipei： CMC Publishing, 1982.

115. Irwin, Douglas A., "The Welfare Cost of Autarky：
Evidence from the Jeffersonian Trade Embargo, 1807—1809." *Review
of International Fconomics* 13, no.4(2005)： 631—645.

116. Iwao, Seiichi, et al., eds., *Oranda fūsetsugaki shūsei* [A Compilation of the Dutch News], Nichi-Ran Gakkai, Hōsei Rangaku Kenkyūkai hen. Tokyo: Yoshikawa Kōbunkan 1977—1979. 2 vols.

117. Jansen, Marius B., "Rangaku and westernization." *Modern Asian Studies* 18, no. 4 (1984): 542.

118. Kaempfer, Engelbert, *The Furthest Goal: Engelbert Kaempfer's Encounter with Tokugawa Japan*. Edited by Beatrice M. Bodart-Bailey and Derek Massarella. Folkestone, Kent: Japan Library, 1995.

119. Kaempfer, Engelbert, *The History of Japan*. Reprint; Richmond, Surrey: Curzon Press,1993.

120. Kanai, Madoka, ed., *A Diary of William Cleveland, Captain's Clerk on Board the Massachusetts*. Asian Studies, Monograph Series 1. Quezon City: Institute of Asian Studies, University of the Philippines, 1965.

121. Kanai, Madoka, "Salem and Nagasaki: Their Encounter 1797—1807." *In Tokyo Foreign Affairs Association* (1968). Reproduced from Contemporary Japan 29,no.1.

122. Keene, Donald, *The Japanese Discovery of Europe, 1720—1830*.Revised edition. Stanford: Stanford University Press, 1969.

123. Keene, Donald, *Travelers of a Hundred Ages*. New York: H. Holt and Co., 1989.

124. Kent, Henry W., "*Van Braam Houckgeest, an Early American Collector*." *Proceedings of the American Antiquarian*

Society. 40, new series(October 1930)： 159—174.

125. Kling, Blair B., and M.N.Pearson, eds., *The Age of Partnership: Europeans in Asia before Dominion.* Honolulu： University Press of Hawaii,1979.

126. Kroeskamp,H., "De Chinezen te Batavia (1700)als exempel voor de Christenen van West Europa." *Indonesië* 6, no. 4(1953)： 346—371.

127. Kuhn, Philip A., *Origins of the Modern Chinese State.* Stanford： Stanford University Press,2002.

128. Kuwabara, Jitsuzo, "*On P'u Shou-keng.*" *Memoirs of the Research Department of the Toyo Bunko* 2 (1928)： 1—79; 7 (1935)： 1—104.

129. Langsdorff, G. H. von, *Bemerkungen auf einer Reise um die Welt in den Janren 1803 bis 1807.* Frankfurt am Main. 1812.

130. Latourette, Kenneth Scott, *Voyages of American Ships to China, 1784—1844 .* New Haven： Connecticut Academy of Arts and Sciences, 1927.

131. Latourette, Kenneth Scott, *The History of Early Relations between the United States and China,* 1784—1844. New Haven： Yale University Press, 1917.

132. Leonard, Jane Kate, *Wei Yuan and China's Rediscovery of the Maritime World.* Cambridge, MA： Council on East Asian Studies, Harvard University, distributed by Harvard University Press, 1984.

133. Lee, Jean Gordon, *Philadelphians and the China Trade, 1784—1844.* With an essay by Philip Chadwick Foster Smith.

Philadelphia: Philadelphia Museum of Art, 1984.

134. Lequin, Frank, *Isaac Titsingh (1745—1812), een passie voor Japan. Leven en werk van de grondlegger van de Europese Japanologie.* Alphen aan den Rijn: Canaletto/Repro-Holland. 2002.

135. Lequin, Frank, *Isaac Titsingb in China (1794—1796).* Alphen aan den Rijn: Canaletto/Repro-Holland, 2005.

136. Liang, Jiabin, *Guangdong shi san bang kao* [A Study of the Thirteen "Hong"]. Guangzhou: Guangdong renmin chuban she, 1999.

137. Liao, Dage, *Fujian baiwaijiaotongshi* [A General History of the Maritime Trade of Fujian]. Fuzhou: Fujian renmin chubanshe, 2002.

138. Lin, Renchuan, *Fujian dui baiwai maoyi yu haiguanshi* [The History of Fujian's Overseas Trade and the Customs]. Xiamen: Lujiang chubanshe, 1991.

139. Liu, Yong, *The Dutch East India Company's Tea Trade with China, 1757—1781.* TANAP Monographs on the History of Asian-European Interaction 6. Leiden: Brill, 2007.

140. Ljungstedt, Anders, *An Historical Sketch of the Portuguese Settlements in China, and of the Roman Catholic Church and Mission in China; A Supplementary. Chapter, Description of the City of Canton.* Hong Kong: Viking Publications,1992.

141. Loehr, George, "A. E. van Braam Houckgeest, the First American at the Court of China." *Princeton University Library*

Chronicle 15, no. 4 (1954): 179—193; http //libweb5. princeton. edu/visual_materials/pulc/pulc_v_l5_n_4. pdf.

142. Loos—Haaxman, J. de, *Jtohannes Racb en zijn werk.* De topografische beschrijving der teekeningen met medewerking van W. Fruin—Mees door P. C. Bloys van Treslong Prins. Batavia: G. Kolff and Co., 1928.

143. Macartney, George, *An Embassy to China: Being the Journal Kept by Lord Macartney during His Embassy to the Emperor Ch'ien-lung, 1793—1794.* Edited with an introduction and notes by J. L. Cranmer—Byng. London: Longmans, 1972.

144. Matsukata, Fuyuko, *Oranda Fusetsugaki to Kinsei Nihon* [The Dutch World News and Early Modern Japan] . Tokyo: Tokyo University Press, 2007.

145. Matsukata, Fuyuko, "1660–nendai fusetsugaki no kakuritsu katei" [The Formalization Process of Fusetsugaki in the 1660s] , in Fujita Satoru, ed., *17-seiki no Nihon to Higashi Ajia.* Tokyo, 2000.

146. McPherson, Kenneth, "Port Cities as Nodal Points of Change: The Indian Ocean, 1890s—1920s." In Leila Trazi Fawaz and C. A. Bayly, eds, *Modernity and Culture: From the Mediterranean to the Indian Ocean.* New York: Columbia University Press, 2002.

147. Meilink—Roelofsz, M.A. P., "Ulrich Gualtherus Hemmingson, V.O. C. dienaar en verbindingsschakel tussen China en Nederland." *Nederlands Kunsthistorisch jaarboek,*31(1980): 456—474.

148. Meilink—Roelofsz, M. A. P., R. Raben, and H.

Spijkerman, eds., *De archieven van de Verenigde Oostindische Compagnie/The Archives of the Dutch Fast India Company (1602—1795), History and Manual.* The Hague: Sdu Uitgeverij, 1992.

149. Meylan, Germain Felix, *Japan: Voorgesteld in schetsen over de zeden en gebruiken van dat ryk, byzonder over de ingezetenen der stad Nagasaky.* Amsterdam: M. Westerman and Zoon. 1830.

150. Milburn, William, *Oriental Commerce: Containing a Geographical Description of the Principal Places in the East Indies, China, and Japan,With Their Produce, Manufuctures, and Trade.* London: Black, Parry and Co., 1813.

151. More, Sir Thomas, *Utopia(De optimo reip.statv, deqve noua insula Vtopia).*Translated by Robert Adams. New York: W. W. Norton, 1991.

152. Moreau de Saint-Méry, M.L.E, *Moreau de St. Méry's American Journey 1793—1798.* Translated and edited by Kenneth Roberts [and] Anna M. Roberts. Preface by Kenneth Roberts. Introduction by Stewart L. Mims. Garden City, NY: Doubleday,1947.

153. Morrison, John Robert, *A Chinese Commercial Guide: Consisting of a Collection of Details and Regulations Respecting Foreign Trade with China.* Third edition. Revised throughout and made applicable to the trade as at present conducted. Canton: Office of the Chinese Repository, 1848.

154. Morse, Hosea Ballou, *The Chronicles of the East India*

Company Trading to China 1635—1834. Cambridge. MA. 1926. 5 vols.

155. Müiller, Klaus, "Shiba Kokan und sein Seiyo-gadan als Beispiel für die Entstehung kunstfremder Einflüsse in der westlichen Malerei der Edo-Zeit." In Lydia Brüll and Ulrich Kemper eds., *Asien, Tradition und Fortschritt: Festschrift für Horst Hammitzsch zu seinem 60. Geburtstag.* Wiesbaden: O. Harrassowitz, 1971. pp. 416—431.

156. Murphey, Roads, "Traditionalism and Colonialism: Changing Urban Roles in Asia." *fournal of Asian Studies 29* (1969): 83.

157. Murray, Dian, "Conflict and Coexistence: The Sino-Vietnamese Maritime Boundaries in Historical Perspective." Center for Southeast Asian Studies, Occasional Papers no. 13, University of Wisconsin, Madison, 1988.

158. Murray, Dian, *Pirates of the South China Coast, 1790—1810.* Stanford: Stanford University Press, 1987.

159. Nagasaki City Goverment, ed., *Nagasaki shishi* [A History of Nagasaki]. Nagasaki: Nagasaki Shiyakusho, 1923—1935. 8 vols.

160. Nagazumi, Yoko, "Eighteenth and Early Nineteenth Centuries Progress of the Competence in Dutch and the Russian Problem in Japan." *The Tokyo Gakuho 78,* no 4 (1997): 10—30.

161. Nagazumi, Yoko, "The Decline of Trade and Russian Expansion in East Asia." In Leonard Blussé, Willem Remmelink, and Ivo Smits, eds., *Bridging the Divide: 400 Years, the Netherlands-*

Japan, Amsterdam： Hotei Publishing, 2000. pp. 55—72.

162. Niemeijer, Hendrik E., *Batavia: Een Koloniale samenleving in de zeventiende eeuw.* Amsterdam： Balans. 2005.

163. Ng, Chin-Keong, *Trade and Society: The Amoy Network on the China Coast, 1683—1735.* Singapore： Singapore University Press, 1983.

164. Ong-Dae-Hae, *The Chinaman Abroad: or a Desultory Account of the Malayan Archipelago, Particularly of Java.* Translated by W. H. Medhurst. Shanghai, 1848.

165. Oosterhoff, J. L., "Zeelandia： A Dutch Colonial City on Formosa(1624—1662)." In Robert Ross and Gerard Telkamp, eds., *Colonial Cities. Dordrecht*： Martinus Nijhoff, 1985. pp.51—64.

166. Peabody Museum of Salem, *Portraits of Shipmasters and Merchants in the Peabody Museum of Salem.* Introduction by Walter Muir Whitehill. Salem： Newcomb and Gauss Co.,1939.

167. Peyrefitte, Alain, *The Immobile Empire.* Translated by John Rothschild. New York： Knopf, 1992.

168. Peyrefitte, Alain, Pierre Henri Durand, *Un choc de cultures: La vision des Chinois, la vision des Anglais.* Paris： Fayard 1991, 1998.2 vols.

169. Pritchard, Earl Hampton, *The Crucial Years of Early Anglo-Chinese Relations, 1750—1800.* Research Studies of the State College of Washington, vol. 4, nos. 3—4. Washington： Pullman, 1937.

170. Ptak, Roderich, Dietmar Rothermund, eds., *Emporia, Commodities, and Entrepreneurs in Asian Maritime Trade,c.*

1400—1750. Stuttgart: Steiner Verlag, 1991.

171. Raben, Remco, "Round about Batavia: Ethnicity and Authority in the Ommelanden,*1650—1800.*" In K.Grijns and Peter J. M. Nas, eds., *Jakarta-Batavia: Socio-cultural Essays.* Leiden: KITLV Press, 2000.pp.93—113.

172. Raffles, Sophia, *Memoir of the life and public services of Sir Thomas Stamford Raffles,...particularly in the Government of Java, 1811—1816, and of Bencoolen and its dependencies, 1817—1824; with details of the commerce and resources of the Eastern Archipelago, and selections from his correspondence.* London,1830.

173. Reeves, Peter G., *Ports and Port Cities as Places of Social Interaction in the Indian.* Ocean Region: *A Preliminary Historical Bibliography,* Perth: Centre for South and Southeast Asian Studies, University of Western Australia, 1981.

174. Reid, Anthony (and Victor Lieberman), *The Last Stand of Asian Autonomies: Responses to Modernity in the Diverse States of Southeast Asia and Korea, 1750—1900.* London: Macmillan, 1997.

175. Reischauer, Edwin, *Ennin's Travels in T'ang China.* New York: Ronald Press Company, 1955.

176. Reischauer, Edwin O., and John King Fairbank, *East Asia: The Great Tradition. Boston:* Houghton Mifflin, 1960.

177. Rekishigaku Kenkyukai [Historical Research Society] ed., *Minatomachi no Sekkaishi* [Port Cities in World History] . Tokyo: Aoki Shoten Publishing, 2005. 3 vols.

178. Rowe, William T. *Saving the World: Chent Hongmou*

and *Elite Consciousness in Eighteenth-Century China*. Stanford: Stanford University Press, 2001.

179. Ruangsilp, Bhawan, *Dutch East India Company Merchants at the Court of Ayutthaya: Dutch Perceptions of the Thai Kingdom, c. 1604—1765*. TANAP Monographs on the History of Asian–European Interaction 8. Leiden: Brill, 2007.

180. Saitō, Agu, *Zūfu to Nihon* [Doeff and Japan]. Tokyo: Kōbunkan, 1922.

181. Sakamaki, Shunzo, "Japan and the United States, 1790—1853." *Transactions of the Asiatic Society of Japan*, vol. 18. Tokyo, 1939.

182. Schama, Simon. *Patriots and Liberators: Revolution in the Netherlands, 1780—1813*. New York: Knopf, 1977.

183. Schottenhammer, Angela, ed., *Trade and Transfer across the East Asian "Mediterranean. "* Wiesbaden: Harrassowitz. 2005.

184. Schottenhammer, Angela, and Roderich Ptak, eds., *The Perception of Maritime Space in Traditional Chinese Sources*, East Asian Maritime History 2. Wiesbaden: Harassowitz. 2006.

185. Screech, Timon, *Japan Extolled and Decried: Carl Peter Thunberg and the Shogun's Realm, 1775—1796*. Annotated and introduced by Timon Screech. New York : Routledge, 2005.

186. Screech, Timon, *The Lens within the Heart: The Western Scientific Gaze and Popular Imagery in Later Edo Japan*. Honolulu: University of Hawaii Press, 2002.

187. Screech, Timon, *Secret Memoirs of the Shoguns: Isaac*

Titsingh and Japan, 1779—1822. Annotated and introduced by Timon Screech. London; New York: Routledge, 2006.

188. Shaw, Samuel, *The Journals of Major Samuel Shaw: The First American Consul at Canton With a Life of the Author by Josiah Quincy.* Boston: Win. Crosby and H. P. Nicholas, 1847.

189. Shiba, Kōkan, *Edo, Nagasaki e kihō: saiyū ryodan* [Edo, Nagasaki, Illustrated Account of a Western Journey]. Tokyo: Kokusho Kankōkai, 1992.

190. Shiba, Kōkan, *Kōkan saiyū nikki* [The Diary of Kokan's Western Journey]. Edited by Haga Tōru and Ōta Rieko. Tokyo: Heibonsha, 1986.

191. Shimada, Ryuto, *The Intra-Asian Trade in Japanese Copper by the Dutch East India Company during the Eighteenth Century.* TANAP Monographs on the History of the Asian– European Interaction 4. Leiden: Brill, 2006.

192. Singh, S. B., *European Agency. Houses in Bengal (1783—1833).* Calcutta: Firma K.L. Mukhopadhyay,1966.

193. So, Billy K. L., *Prosperity, Region, and Institutions in Maritime China: The South Fukien Pattern, 946—1368.* Cambridge, MA: Harvard University Press, 2000.

194. Spence, Jonathan D., and John E. Wills, eds., *From Ming to Ch'ing: Conquest, Region,and Continuity in Seventeenth-Century China.* New Haven: Yale University Press,1979.

195. Staunton, Sir George, *An Authentic Account of an Embassy from the King of Great Britain to the Emperor of China.* Philadelphia: Printed for Robert Campbell by John Bioren,1799.2

vols.

196. Steensgaard, Niels, "The Dutch East India Company as an Institutional Innovation." In Maurice Aymar, ed., *Dutch Capitalism and World Capitalism*. New York: Cambridge University Press, 1977. pp. 235—258.

197. Steensgaard, Niels, "Emporia: Some Reflections." in R. Ptak and D. Rothermund, eds.,*Emporia, Commodities, and Entrepreneurs in Asian Maritime Trade, c. 1400—1750.*

198. Stuttgart: Steiner Verlag, 1991. pp. 13—28. Struve, Lynn A., ed., *The Qing Formation in World-Historical Time.* Cambridge, MA: Harvard University Press, 2004.

199. Sung An-yun, "*A Study of the Thirteen Hongs of Kuang-tung: A Translation of Parts of the Kuangtung Shih-San-Hang Kao of liang Chia-pin.*" MA thesis, Department of History, University of Chicago, 1958.

200. Tabohashi, Kiyoshi, *Zōtei Kindai Nihon gaikoku kankeishi* [Japan's Foreign Relations in Early Modern Time]. Expanded edition. Tokyo: Hara Shobō, 1976.

201. Tian, Rukang, *Zhongguo fan chuan mao yi he dui wai guanxi shi lunji* [A Collection of Historical Essays on the Trade of Chinese Sailing Ships and Foreign Relations].Hangzhou: Zhejiang renmin chuban she, 1987.

202. T'ien, Ju-k'ang, "The Chinese Junk Trade: Merchants, Entrepreneurs, and Coolies,*1600—1850.*" In Klaus Friedland, ed., *Maritime Aspects of Migration.* Cologne : Böhlau,1987.pp.381—389.

203. Titsingh, Isaac, *Mémoires et anecdotes sur la dynastie régnante des djogouns, souverains du Japon; avec la description des fêtes et cérémonies...* With notes and explanations by M. Abel Rémusat. Paris: A Nepveu, 1820.

204. Titsingh, Isaac, *The Private Correspondence of Isaac Titsingh.* Edited by Frank Lequin. Amsterdam: J. C. Gieben, 1990. 2 vols.

205. Torbert, Preston M., *The Ch'ing Imperial Household Department: A Study of Its Organization and Principal Functions, 1662—1796.* Cambridge, MA: Harvard University Press,1977.

206. Trocki, Carl, "Chinese Pioneering in Eighteenth–Century Southeast Asia." In Anthony Reid, ed., *The Last Stand of Asian Autonomies.* New York: Macmillan, 1997. pp.83—101.

207. Tsūkō icbiran [A Synopsis of Navigations]. Edited by Hayashi Fukusai. Tokyo: Kokusho Kankōkai. 1912—1913.8 vols.

208. Tsūkō ichiran: zokushū [A Synopsis of Navigations: Supplement]. Edited by Yanai Kenji. Osaka: Seibundō, Shōwa 43—48 [i. e. 1968—1973].5 vols.

209. Tuchman, Barbara Wertheim, *The First Salute.* New York: Knopf, 1988.

210. Thck, Patrick, ed., *Britain and the China Trade 1635—1842.* London: Routledge, 2000.10 vols.

211. Valentijn, F., *Oud en Nieuw Oost-Indiën* [Old and New East Indies].Dordrecht: J.van Braam. 1724—1726. 5 vols. in 8.

212. Van Dyke, Paul A., *The Canton Trade: Life and Enterprise on the China Coast 1700—1845.* Hong Kong:

Hongkong University Press, 2005.

213. Van Dyke, Paul A., "The Yan family, Merchants of Canton 1734—1780s " *Revista de Cultura*, International Edition 9 (January 2005): 30—85.

214. Veenhoven, W.A., *Strijd om Deshima, een onderzoek naar de aanslagen van Amerikaanse, Engelse, en Russische zijde op bet Nederlandse handelsmonopolie in Japan gedurende de periode 1800—1817*. Doctoral thesis. Leiden, 1950.

215. Velde, Paul van der, and Rudolf Bachofner, *The Deshima Diaries Marginalia 1700—1740*. Tokyo: Japan–Netherlands Institute. 1992.

216. Viallé, Cynthia, "In Aid of Trade: Dutch Gift–Giving in Tokugawa Japan." *Tokyo Daigaku shiryohensanjo kenkyu kiyo* 16(2006): 57—78.

217. Viallé, Cynthia, and Leonard Blussé, *The Deshima Dagregisters 1640—1660*, Intercontinenta Series nos. 23, 25. Leiden: IGEER. 2001. 2005, 2 vols.

218. Viraphol, Sarasin, *Tribute and Profit: Sino-Siamese Trade, 1651—1853*. Cambridge, MA: Harvard University Press. 1977.

219. Vos, Frits, "De Nederlandse taal in Japan." Unpublished manuscript.

220. Vos, Frits, "Forgotten Foibles: Love and the Dutch on Deshima." In Lydia Brüll und Ulrich Kemper,eds., *Asien,Tradition und Fortschritt; Festschrift für Horst Hammitzsch zu seinem 60.Geburtstag*. Wiesbaden: O.Harrassowitz,1971.pp.614—633.

221. Ward, Geoffrey C., and Frederic Delano Grant, "A Fair,

Honorable, and Legitimate Trade." *American Heritage* 37, no. 5(1986): 49—65.

222. Warren, James Francis, *The Global Economy and the Sulu Zone: Connections, Commodities, and Culture.* Quezon City, Philippines: New Day Publishers, 2000.

223. Warren, James Francis, *Iranun and Balaningi: Globalization, Maritime Raiding and the Birth of Ethnicity.* Kent Ridge, Singapore: Singapore University Press, 2002.

224. Warren, James Francis, *The Sulu Zone, 1768—1898: The Dynamics of External Trade, Slavery, and Ethnicity in the Transformation of a Southeast Asian Maritime State.* Kent Ridge, Singapore: Singapore University Press, 1981.

225. Wells Williams, S., *The Chinese Commercial Guide, containing treaties, tariffs, regulations, rabies, etc., useful in the trade to China & Eastern Asia: with an appendix of sailing directions for those seas and coasts.* Taipei: Ch'eng—wen Publishing Company,1966.

226. Wiethoff, Bodo. *Die chinesische Seeverbotspolitik und der private Überseehandel von 1368 bis 1567.* Hamburg: Gesellschaft für Natur—und Völkerkunde Ostasiens, 1963.

227. Whitehill, Walter Muir, *The East India Marine Society and the Peabody Museum of Salem: A Sesquicentennial History.* Salem, MA: Peabody Museum, 1949.

228. Wills, J. E., *Pepper, Guns, and Parleys: The Dutch East India Company and China, 1662—1681,* Cambridge, MA: Harvard University Press, 1974.

229. Wills, John E., "Qing Relations with Annam and Siam, 1680—1810." Paper presented at the Eighteenth IAHA Conference, Taipei, December 2004.

230. Wong,R. Bin, "The Search for European Differences and Domination in the Early Modern World: A View from Asia." *American Historical Review* 107, no. 2(2002).

231. Xiang, Da, *Liang zhong hai dao zhen jing* [Two Maritime Itineraries]. Beijing: Zhonghua shu ju, 1961.

232. Xie, Qinggao (as told by), *Hai lu jiao shi* [Discourse on the Sea]. Noted down by Yang Bingnan. Annotated by An Jing. Beijing: Shangwu yinshuguan, 2002.

233. Yamawaki, Teijirō, *Nagasaki no Oranda shōkan: Sekai no naka no sakoku Nihon* [The Dutch Trading Factory at Nagasaki: The Seclusion of Japan within the World]. Tokyo: Chūō Kōronsha, 1980.

234. Yamawaki, Teijirō, *Nagasaki no Tōjin bōeki* [The Trade of the Chinese at Nagasaki].Tokyo: Yoshikawa Kōbunkan, 1964.

235. Yin, Kuang-jen, *Ou-Mun Kei Leok* (Monografia de Macau)por Tcheong-Ü-Lâm e Ian-Kuong-lâm. Translated from Chinese into Portuguese by Luís G. Gomes. Macau: Editada pela Repartição Central dos Serviços Económicos, Secção de Publicidade e Turismo, Quinzena de Macau, 1979.

236. Yuan, Bingling, *Chinese Democracies, a Study of the Kongsis of West Borneo (1776—1884)*. CNWS Publications 79. Leiden: Research School CNWS, Leiden University, 2000,pp.302—303.

237. Yung, Lun yuen, *History of the Pirates Who Infested the China Sea from 1807 to 1810*. Translated with notes and illustrations by Charles Fried. London: Neumann, 1831.

238. Zhang, Xie, *Dong xi yang kao* [A Treatise on the Eastern and Western Oceans] .Beijing: Zhonghua shuju, 1981.

239. Zhao, Gang, "Reshaping the Asian Trade Network: The Construction and Execution of the 1684 Chinese Open Trade Policies." PhD dissertation, Johns Hopkins University,2006.

240. Zhu, Yong, *Bu yuan da kai de zhongguo da men: 18 shiji de wai jiao yu Zhongguo ming yun* [The Gate of China That Was Not Opened: Eighteenth–Century Foreign Relations and China's Fate] . Nanchang: Jiangxi renmin chuban she, 1989.

索　引

译后记

　　记得那是我在北京遇过的最安稳的一个春天，没有浮躁的扬尘，只有满眼的翠绿和温软的风。承龙登高教授之命，我开始翻译知名汉学家包乐史的这部著作，又于同年有幸结识包乐史教授，并屡次与他请教和商议译作的体例。在翻译的过程中，包乐史教授扎实的学术功底与宽阔眼界、幽默广博的言谈与严谨的著作态度，让我深感前辈学者的治学风范。这部著作是包乐史教授在哈佛大学的讲座结集，书中援引的资料丰富生动。本书勾勒出18世纪以前东南亚海洋贸易的风情画，以荷兰东印度贸易公司的兴衰起落贯穿其中，并以美国商船的到来开启了新的海洋贸易时代作为讲座的结束，具体而微地呈现出包教授对于东南亚海洋史的宏观视角与治学心得。此外，包教授的文笔优美生动，持论要言不烦，叙事入木三分，对读者而言，无疑是一种享受；对译者而言，也是绝好的学习与磨练的机会。我并非专研海洋史，所以一方面担心学养不够，使得白圭有玷，一方面担心译笔不能充分传达原书的精神面目。在此书即将付梓之际，诚惶诚恐，盼望有识之士不吝指教。在此，也对包乐史教授、龙登高教授、共同译者加州大学伯克利分校博士生彭昉、出版社辛苦的先进与编辑们，致上最高的谢意。

清华大学历史系博士 赖钰匀
谨识于东京大学东洋研究所